Julia Markl / Ulrich Hampl
Bodenfruchtbarkeit selbst erkennen
Bodenbeurteilung mit dem Spaten

*»Es gibt in der Natur keinen wichtigeren,
keinen der Betrachtung würdigeren Gegenstand als den Boden!
Es ist ja der Boden, welcher die Erde zu einem
freundlichen Wohnsitz
der Menschen macht; er allein ist es,
welcher das zahllose Heer der Wesen erzeugt und ernährt,
auf welchem die ganze belebte Schöpfung
und unsere Existenz letztlich beruhen.«*

Friedrich Albert Fallou, 1862

Bodenfruchtbarkeit selbst erkennen
Bodenbeurteilung mit dem Spaten

Julia Markl
Ulrich Hampl

CIP - Deutsche Bibliothek Einheitsaufnahme
Markl, Julia:
Bodenfruchtbarkeit selbst erkennen : Bodenbeurteilung mit dem Spaten
Julia Markl/Ulrich Hampl. - 1.Aufl. - Holm : Deukalion, 1996
  (Öko-Ratgeber Garten)
  ISBN 3-930720-24-8
NE: Hampl,Ulrich:

Copyright © Deukalion Verlag Uwe Hils, 1996
1. Auflage
Alle Rechte vorbehalten. Nachdruck, auch auszugsweise, nur mit Genehmigung des Verlages.
Umschlaggestaltung: Dagmar Fitz
Druck: Interpress
ISBN 3-930720-24-8

Inhalt

Wie macht die Natur den Boden fruchtbar? 7
Was ist ein Ökosystem? 7
   Der natürliche Bodenzustand 10
   Die wichtigsten Merkmale eines natürlich fruchtbaren Bodens
   auf einen Blick 14
   Wie wirkt sich der Einfluß des Menschen auf die Fruchtbarkeit
   des Bodens aus? 15

Wie fruchtbar ist mein Gartenboden?
Die Möglichkeiten der Bodenuntersuchung 19
   Was bringt eine chemische Bodenuntersuchung? 19
   Die Fingerprobe – Den Boden begreifen 21
   Betrachten der Bodenoberfläche 23
      Welche »Unkräuter« herrschen vor? 23
      Wie sieht die Boden–Oberfläche aus, wie fühlt sie sich an? . 25

In den Boden hineinschauen – Die Spatenprobe 27
   Was braucht man? 28
   Wann soll man die Proben nehmen? 29
   Wo nimmt man Proben? 30
   Wie geht das? – Die Methode des Ausgrabens 30
      1. Ausheben einer Grube 30
      2. Stechen der seitlichen Schlitze 30
      3. Abstechen der letzten Seite des Bodenblocks 31
      4. Herausnehmen des Bodenblocks aus der Grube 32

5. Freilegen der Bodenstruktur mit der Kralle 32

Was kann man alles erkennen? – Die Bodenbeurteilung . . 33
  1. Bodenstruktur 34
  2. Durchwurzelung 40
  3. Bodenfeuchte 45
  4. Was Sie sonst noch in der Spatenprobe erkennen
     Verdichtungen, Farbe, Geruch, etc. 46
  Tiere im Boden 50

Maßnahmen zur Erhaltung der Bodenfruchtbarkeit 55
  Bodenlockerung 56
  Bodenbedeckung und Gründüngung – die Vielfalt macht´s . 57

Gesund gärtnern – Giftfrei und ohne chemischen Dünger . . 65

Anhang
  Bodendiagnose-Formular 68
  Spatendiagnose-Zubehör 69
  Bücher und Zeitschriften 69
  Videofilme 71
  Bodenuntersuchungslabors 71
  Saatgutfirmen 71
  Natur und Boden schützen – ökologisch einkaufen! 72

Wie macht die Natur den Boden fruchtbar?

Was ist ein Ökosystem?

Stellen Sie sich einen schönen Sonnntagnachmittag vor: Sie spazieren durch ein kleines Wäldchen – nein, nicht durch einen dunklen Kiefernforst, sondern durch einen Mischwald mit Laubbäumen. Es sei ein später Frühlingstag, lassen wir die Sonne scheinen...
Ökosystem kommt von griechisch »oikos«= »die nähere Umgebung«; Sie sehen sich also einmal in Ihrer näheren Umgebung um:
In der Strauchschicht wachsen Holunderbüsche, Sie finden verstreute dünne Stämmchen von Eßkastanien, junge Eichenpflänzchen, eine Wildkirsche und – wie mag sie dahin gekommen sein – eine einsame kleine Fichte.
Aber da reizt ein eindrücklicher Duft Ihre Sinne und Sie gewahren im schattigen Eck eine Gruppe Bärlauchpflanzen, eng dazwischen verblühende Maiglöckchen, außerdem Sauerklee und Anemonen. Unter einem vermodernden Ast, den Sie umdrehen, wimmeln Asseln, Ohrwürmer und Tausendfüßler und suchen sofort wieder Schutz vor dem Licht in der kühlen Laubstreu. Dicht vor Ihnen hüpft plötzlich eine Kröte beiseite. Am Wegrand liegen aufgeschichtet einige Buchenholzstämme, erst kürzlich von Forstarbeitern dorthin gebracht, wie Sie an den noch frischen Schleifspuren schnell feststellen. Ein Kuckucksruf dringt an Ihr Ohr, Sie suchen ihn, sehen statt dessen einen Buntspecht von einem Stamm zum nächsten flattern. Mächtig ragt diese Buche vor Ihnen auf. Sie sind keine zehn Schritte gegangen, und doch scheint die Vielfalt des Lebens bereits erstaunlich groß.

Was ist also das Besondere an einem Ökosystem?

Es ist vielfältig; sicherlich wird Ihnen auch bei längerem Nachdenken kein natürliches System einfallen, das nur aus einer oder zwei Arten besteht. Dabei ist für das Funktionieren und den Fortbestand des Ökosystems **jede** Art wichtig, denn durch ihre Lebensweise erfüllt jede Art eine andere Aufgabe im System. Ein Lebewesen kann also nur existieren, weil es alle anderen Lebewesen gibt. Besonders wichtig sind die grünen Pflanzen. Überall in der Natur bilden sie die Grundlage für jedes weitere Leben: Sie können mit Hilfe des Sonnenlichts aus Kohlendioxid energiereiche Stoffe, die sogenannten Kohlenhydrate aufbauen. Von diesen Kohlenhydraten leben die pflanzenfressenden Tiere. Damit die Pflanzenfresser nicht zu zahlreich werden und alles leerfressen, werden sie von fleischfressenden Tieren gejagt. Gestorbene Tiere oder Pflanzen dienen den unzähligen kleinen Lebewesen – Reduzenten genannt – als Nahrung und werden von diesen wieder in kleinere Stoffe zerlegt, die wiederum den Pflanzen im Boden als Nährstoffe zur Verfügung stehen.

Kein Lebewesen ist für sich alleine, jedes ist in seiner Lebensweise auf andere bezogen und braucht sie als Nahrungsquelle oder steht ihnen selbst zur Verfügung. Daher nennen wir Ökosysteme **komplex.**

Jedes Ökosystem ist **standorttypisch**, d.h. abhängig von geographischen und klimatischen Bedingungen und vom Zustand des Bodens: Unser Buchenmischwald würde – in tropische Breiten verfrachtet– nicht existieren, so wie es bei uns keinen Regenwald gibt. In tragischer Weise bekommen wir in den letzten Jahren die Abhängigkeit des Waldes vom Zustand des Bodens vor Augen geführt: Der Wald stirbt, da die Böden durch den Schadstoffausstoß der Industriegesellschaften versauern und mit Schwermetallen verseucht sind.

Gibt es funktionierende Ökoysteme also nur in menschenfernen unberührten Gebieten? Sicherlich nicht, denn nicht nur der Amazonasurwald oder antarktische Moosgesellschaften sind Ökosysteme, sondern eben auch unser beschriebenes Wäldchen; und just in diesem gingen wir gerade spazieren, begegneten den Spuren von Forstarbeitern. Der Mensch hat also in bestimmten Ökosystemen seinen Platz – ohne die menschliche Tätigkeit wären diese Systeme nicht so, wie sie eben sind.

Die Ökosysteme an Trockenmauern mit Smaragdeidechse und Zaunammer, Mauerpfeffer und Hauswurz gibt es beispielsweise nur, weil irgendwann Menschen diese Mauern errichtet haben, um in Hanglagen Landwirtschaft oder Weinbau zu betreiben. Insofern können Menschen, die in der Natur arbeiten, durch ihre Arbeit auch neue Ökosysteme schaffen und dazu beitragen, die Vielfalt der Tier- und Pflanzenarten zu erhalten.

Diese wichtige Aufgabe, nämlich ein Ökosystem zu erhalten und zur Entfaltung zu bringen, kommt besonders auch uns in unserem Garten zu.

Und nun betrachten Sie zum Abschluß Ihres Spazierganges noch einmal das Wäldchen: Überall scheint es Leben im Überfluß zu geben, fast jeder Quadratzentimeter Boden ist mit Pflanzengrün bedeckt, soviel, daß noch zahlreiche Tiere von der »überschüssigen« Pflanzenmasse leben können und selbst die Menschen noch Holz ernten. Hohe Bäume mit enormen Stämmen ragen vor Ihnen auf. Sie bücken sich und greifen in die duftende, lockere Walderde: **Dies alles** soll sie **ohne Düngung** hervorgebracht haben?

Der natürliche Bodenzustand

Wie also macht es die Natur, daß auf ihren Böden dieses reichhaltige Pflanzenwachstum herrscht?
Die natürlichen Böden müssen offenbar fruchtbar sein, ohne daß jemals ein Korn Dünger auf sie gefallen ist. Schon seit Jahrmillionen gibt es auf der Erde Pflanzenwachstum, also scheint die Bodenfruchtbarkeit in der Natur auch nicht nachzulassen.
Während uns aber die oberirdischen Ökosysteme relativ einfach zugänglich sind, bleibt das Leben im Boden meist unseren Augen und damit unserem Verständnis verborgen.
Einiges können wir aber bei aufmerksamer Beobachtung feststellen:
In der Natur ist der Boden stets bedeckt: Entweder ist er mit Gräsern und Kräutern grün bewachsen, oder hohe Baumkronen schützen seine Oberfläche vor den direkten Einflüssen der Witterung, und um die Bäume herum bedeckt Laub die Erde. Wirklich nackt, wie ein frisch gepflügter Acker, ist die Erde in der Natur praktisch nie.
Das hat mehrere Auswirkungen: Zum einen ist die Oberfläche des Bodens immer vor den Witterungsextremen geschützt; heiße Sonnenstrahlen trocknen sie nicht aus, harter Wind und Regengüsse können sie nicht aufreißen und wegspülen. So bleibt sie immer angenehm gleichmäßig temperiert, wird nicht zu trocken, aber auch nicht zu naß, und fühlt sich angenehm weich und federnd an, was man beim Barfußlaufen am besten spürt.
Was wir so einfach nicht feststellen können, was die Bodenzoologen aber immer wieder herausfinden, ist:
In einer Handvoll Erde sind mehr Bodenlebewesen enthalten, als es Menschen auf der Erde gibt. Die Milliarden von Organismen, die in einem Hektar Boden leben, wiegen soviel wie fünf Kühe!
Diese Lebewesen sind sehr wichtig für das Wohlergehen der Pflanzen:

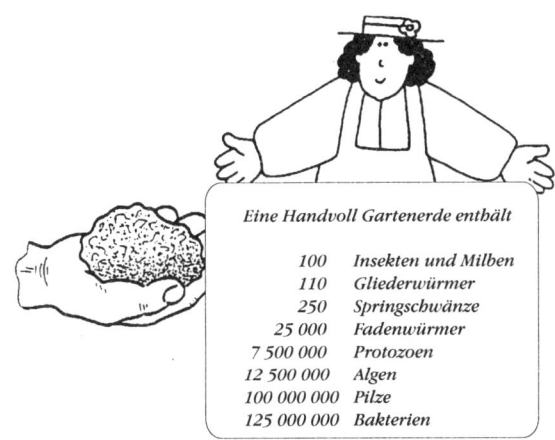

Eine Handvoll Gartenerde enthält

100	Insekten und Milben
110	Gliederwürmer
250	Springschwänze
25 000	Fadenwürmer
7 500 000	Protozoen
12 500 000	Algen
100 000 000	Pilze
125 000 000	Bakterien

Abb. 1

Erst durch ihre Tätigkeit wird der Boden locker und krümelig, so daß die Pflanzenwurzel überhaupt eindringen kann. Größere Bodentiere, wie z. B. die Regenwürmer, durchziehen den Boden und lockern und durchlüften ihn dabei. Die Versorgung mit Sauerstoff aber ist erst die Voraussetzung, daß weitere Tiere den Boden besiedeln können. In einem Boden ohne Sauerstoff müssen sie ersticken. Auch Wurzeln können nur wachsen, wenn sie mit Luft versorgt sind. Ein lockerer Boden mit vielen »Luftkanälchen« ist also die Voraussetzung für hohe Fruchtbarkeit.

Durch die Tätigkeit der »Bodenlockerer« kann die Erde viel Wasser speichern, so wie dies ein Schwamm mit seinen vielen Poren auch tut. Dieses Wasser steht der Wurzel zur Verfügung. Selbst in einem trockenen Sommer kann man in einem natürlichen Waldboden noch die Feuchtigkeit spüren, wenn man ihn aufgräbt.

Stellen Sie sich einen Hefeteig vor. Anfangs ist er dicht und klumpig. Belüftet man ihn durch das Kneten und läßt ihn an einem warmen Ort stehen, so beginnen die Hefepilze zu arbeiten: Nach einiger Zeit ist der Teig »gegangen«: Er ist jetzt schön locker, enthält unendlich viele Lufträume. Das

Gleiche passiert auch mit einem belebten Boden: Die Bodenlebewesen machen aus einem dichten Boden einen lockeren, der aus vielen winzigen, locker aufeinanderliegenden Krümeln besteht. In diesem Zustand ist der Boden »gar«.

So wie ein Hefeteig aber nur gehen kann, wenn die Hefepilze mit etwas Zucker gefüttert werden, so brauchen auch die Bodenlebewesen energiereiches Futter, um die Bodengare herzustellen.

Die Fähigkeit, Sonnenenergie in Form von energiereichen Stoffen auf der Erde zu speichern, haben ausschließlich die grünen Pflanzen. Sie atmen Kohlendioxid mit ihren Blättern ein und wachsen: Die Wurzeln der Pflanze schieben sich in den Boden. Hier passiert etwas ganz Entscheidendes: Bei ihrem Wachstum in die Tiefe reibt die Pflanzenwurzel ständig ihre äußerste Zellschicht ab und gibt gleichzeitig zum besseren Gleiten Schleimstoffe an den Boden ab. Dies ist das Futter für die Bodenlebewesen. Ohne Pflanzenbewuchs, d.h. ohne Durchwurzelung müßten diese verhungern. Die Pflanzen liefern sozusagen den »Treibstoff«, der den »Motor Bodenleben« in Gang hält.

Als Ausgleich stellen die Bodenlebewesen der Wurzel die Nährstoffe zur Verfügung, die die Pflanze zum Wachstum benötigt. Dieses Zusammenleben zum gegenseitigen Nutzen nennt man Symbiose. Der Wurzelpilz Mykorrhiza beispielsweise lebt so eng mit der Pflanzenwurzel zusammen, daß er in sie hineinwächst, und so eine direkte Verbindung eingeht: Er liefert der Wurzel Phosphate und andere Nährstoffe, während die Pflanze ihm Kohlenhydrate, also Zucker, abgibt, die sie durch Ausnutzung der Sonnenenergie selbst herstellt.

Die meisten Bodenlebewesen kommen nur in einer ganz bestimmten Tiefe vor. Springschwänze (ihr wissenschaftlicher Name ist »Collembolen«) können sehr unterschiedlich gebaut sein: Arten, die mehr an der Bodenoberfläche leben, sind dunkel pigmentiert, damit sie keinen Sonnenbrand bekommen. Außerdem können sie sich flink bewegen, denn es lauern zahlreiche

Freßfeinde auf sie: Bei Gefahr hüpfen sie durch Ausschnellen ihrer Sprunggabel mehrere Zentimeter weit weg. Die Springschwänze in größeren Tiefen brauchen diese Sprunggabel nicht mehr, denn tief im Boden ist die Gefahr, einem Feind zu begegnen, nicht mehr so groß. Damit sie gut in den engen Bodenporen beweglich sind, sind diese Arten meist sehr klein. Auch ihre Pigmentierung haben sie eingebüßt und erscheinen unscheinbar farblos. Bringt man sie an die Oberfläche, so sterben sie an Sonnenbrand, wie auch die Oberflächen-Springschwänze nicht in der Tiefe leben können.

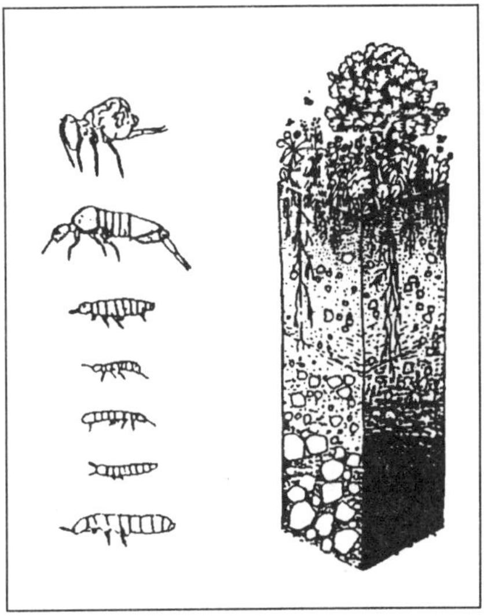

Damit das Bodenleben optimal arbeiten kann, darf also die charakteristische Schichtung nicht zerstört werden.

Abb. 2 : Das Bodenleben ist geschichtet – zum Beispiel leben an der Oberfläche ganz andere Arten von Springschwänzen als in der Tiefe.

Auch ein gut von den Bodentieren gelockerter Boden würde sich irgendwann durch sein Eigengewicht wieder zusammensetzen und ganz dicht werden. In der Natur wird das verhindert, indem die einwachsenden Pflanzenwurzeln eine Art »Gerüst« bilden, das die Höhlen und Kanälchen stabilisiert, sozusagen den Boden lebendig verbaut. Die Krümel werden derart von Wurzel und Pilzfäden umsponnen und Schleimen unklebt,daß sie nicht mehr zerfallen. Der lebendige »Boden-Schwamm« bleibt so stabil.

Deswegen ist es so wichtig, daß der Boden immer mit Pflanzen bewachsen ist.

Die wichtigsten Merkmale eines natürlichen fruchtbaren Bodens auf einen Blick:

- Die Erde ist immer mit grünen Pflanzen bewachsen.
- Die Pflanzen bringen Energie durch ihre Wurzelmasse in den Boden. Je mehr Wurzeln, desto besser.
- Von der Energie der Wurzelmasse ernähren sich die Bodenlebewesen.
- Die Bodenlebewesen stellen im Ausgleich dazu der Pflanze Nährstoffe zur Verfügung. Sie ernähren also die Pflanze und sind damit verantwortlich für die Bodenfruchtbarkeit.
- Bodenlebewesen kommen in typischen Tiefen vor. Anderswo können sie nicht überleben. Diese natürliche Schichtung des Bodenlebens muß erhalten werden, wenn das Bodenleben optimal zur Fruchtbarkeit beitragen soll.
- Die Bodenlebewesen lockern den Boden, durchlüften ihn und stellen die »Schwammstruktur« des Bodens her.
- Die »Schwammstruktur« sorgt dafür, daß der Boden genug Wasser speichern kann, so daß die Pflanzen auch in Trockenzeiten versorgt sind.
- Man erkennt einen lockeren, schwammartigen und fruchtbaren Boden an seiner Krümelstruktur. Je tiefer ein Boden krümelig ist, desto mehr Pflanzenwurzeln können in ihm leben und desto fruchtbarer ist er!

Wie wirkt sich der Einfluß des Menschen auf die Fruchtbarkeit des Bodens aus?

Warum bleibt die vom Menschen im Ackerbau oder Garten genutzte Erde nicht über lange Zeit so fruchtbar, wie es die vom Menschen unberührten Systeme sind?
Welche Eingriffe des Menschen sind es, die die Bodenfruchtbarkeit verringern?
Um seine Nutzpflanzen wachsen zu lassen, muß der Mensch zunächst die natürliche Pflanzengesellschaft vom Boden entfernen. Das ist kein größeres Problem, wenn sofort Nutzpflanzen angesät oder gepflanzt werden, die den natürlichen Schutz des Bodens übernehmen. Wenn der Boden also ständig mit Grün bedeckt ist und dieser Pflanzenbewuchs vielfältig ist, dann ist es sehr unwahrscheinlich, daß die Bodenfruchtbarkeit nachläßt.
Meistens aber bleibt der umgegrabene Gartenboden oder der gepflügte Acker einige Zeit offen liegen, bis wieder neue Pflanzen dort wachsen. Manche Gärten liegen nach dem herbstlichen Umgraben den ganzen Winter

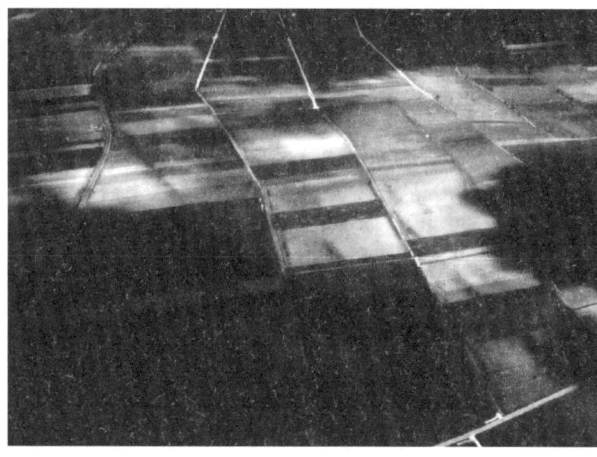

Abb. 3
Monokulturen: Eingriff des Menschen in die natürliche Vielfalt.

ohne Bedeckung offen da. Die Oberfläche des Bodens ist nun schutzlos der Witterung preisgegeben: Bodenlebewesen sterben ab, es gibt keine Wurzeln, die die Erde festhalten könnten, die Schwammstruktur der Oberfläche geht verloren. So kommt es bei Regen oder Tauwetter zu Verschlämmungen. Der Schlamm kann vom Regen weggespült werden, dabei geht wertvoller Mutterboden verloren; dieses Phänomen wird Erosion genannt. In vielen Gegenden der Welt hat unsachgemäßer Ackerbau zu Erosion geführt und aus ehemals fruchtbaren »Kornkammern« nun Wüsten gemacht (z.b. in Nordafrika, in den U.S.A. im Gebiet der Great Plains, etc.).

Trocknet der verschlämmte Boden wieder ab, so bleiben harte Verkrustungen, die es schwierig machen, ein schönes Saatbeet herzurichten und das Aufgehen der Saat und Anwachsen der Nutzpflanzen sehr verzögern.

Was den natürlichen garen Bodenzustand auch schädigt, sind die Verdichtungen, die wir ihm durch Darüberlaufen – also durch unser Eigengewicht – zufügen. Jeder Gartenfreund weiß das und wird seine Beete deshalb möglichst selten betreten. Das größere Problem hat hier allerdings die Landwirtschaft, denn Ackerböden müssen häufig die Überfahrt von Traktoren und schweren Maschinen ertragen. Gerade bei feuchtem oder gar nassem Boden ist dieser Druck sehr schädlich: Ist die Bodengare zerstört, so können die Nutzpflanzen dort nicht wachsen, was man z.B. an den meist unbewachsenen Fahrspuren in einem Getreidefeld gut erkennen kann.

Um diese Verdichtungen schnell wieder aufzulockern, muß man mit Werkzeugen den Boden bearbeiten: Landwirte greifen häufig zum Pflug, Gartenbesitzer graben meistens mit dem Spaten um. Was dabei mit den Bodentieren passiert, kann man sich leicht vorstellen: Pflug und Spaten »wenden die Scholle«, d.h. das, was vorher oben lag, liegt nun unten und umgekehrt. Die Bodentiere finden ihren neuen Lebensraum alles andere als angenehm und versuchen, wieder zurück in ihre angestammte Bodenschicht zu gelangen. Das gelingt natürlich nur wenigen. Bis sich der Zustand des Bodenlebens nach solch einem Eingriff wieder normalisiert hat, dauert eine gewisse Zeit.

Deshalb soll man so selten wie möglich den Boden total umgraben. Lokkerung freilich tut dem Boden gut. Aber dafür gibt es ja auch Geräte, die nicht die Bodenschichten komplett wenden, z.b. die Grabgabel, die durch tiefes Einstechen und Hin- und Herbewegen Luft und Lockerung in den Boden bringt und die Bodenschichten erhält. Aber davon später mehr...
Wodurch die Fruchtbarkeit des Bodens am meisten leidet, ist der einseitige Anbau von wenigen Nutzpflanzen. In der Natur – das hatten wir gesehen – ist der Bewuchs immer sehr vielfältig. Nimmt eine Pflanze mehr Stoffe aus dem Boden auf, so wird das durch andere Arten ausgeglichen, die viele Feinwurzeln bilden und Stoffe an den Boden abgeben. Fachleute nennen dies »das Gleichgewicht zwischen Humuszehrern und Humusmehrern«. Das Bodenleben findet also immer einen vielfältigen Speisezettel vor – die Fruchtbarkeit ist gesichert.
Im Garten ist es aber in der Regel so, daß wir die Pflanzen, die wir anbauen, ernten wollen. Sie sind schon darauf gezüchtet, möglichst viele Nährstoffe aus dem Boden aufzunehmen und in Ertrag umzuwandeln. Wurzelabrieb – also Futter für das Bodenleben – bringen unsere Nutzpflanzen nur in geringem Maße. Pflanzt man dann auch noch Monokulturen von einer einzigen Pflanze, so ist das Nahrungsangebot für die Bodentiere äußerst eingeschränkt. Die natürliche Wiederherstellung der Fruchtbarkeit klappt nicht mehr, der Boden wird einseitig ausgelaugt. Was dann noch wächst, sind Disteln und Quecken, nicht aber gesunde Nutzpflanzen.
Als Gartenbesitzer oder -besitzerin wollen Sie es soweit gar nicht erst kommen lassen. Sie wollen frühzeitig erkennen, wie es um die Fruchtbarkeit Ihres Gartens bestellt ist. Sie wollen lernen, die natürliche Bodenfruchtbarkeit im Gartenboden selbst zu beurteilen und wie man diese gegebenenfalls verbessern kann, ohne in den Kunstdünger-Sack zu greifen.
Dabei wollen Sie nicht viel Geld ausgeben für komplizierte Geräte, sondern suchen nach Untersuchungsmethoden, die man einfach erlernen kann und die schnell durchgeführt sind.

Was wir Ihnen hier vorstellen, ist langjährig bewährt und Sie haben nun die Möglichkeit, Ihren Boden besser kennen zu lernen: **Schauen Sie doch mal rein!**

Wie fruchtbar ist mein Gartenboden?

Die Möglichkeiten der Bodenuntersuchung

Was bringt eine chemische Bodenuntersuchung?

Im intensiven Gartenbau und in der modernen Landwirtschaft hat sich die chemische Bodenuntersuchung durchgesetzt. Allerdings vor allem aus einem Grund: Man will wissen, wieviel Nährstoffe im Boden sind und bekommt dann eine Empfehlung für die Menge von Dünger, die man ausbringen soll. Bei dieser Untersuchung wird der ans Labor geschickte Boden mit einer Säurelösung versetzt und die Menge der herausgelösten Nährstoffe gemessen. Man geht dann davon aus, daß die Pflanzen im Boden etwa ebensoviele Nährstoffe aus dem Boden lösen können wie die Säurelösung im Labor. Wenn die gelöste Nährstoffmenge nicht mit den Tabellenwerten für »gut versorgten Boden« übereinstimmt, bekommt man eine entsprechende Düngeempfehlung.

Hierbei wird allerdings überhaupt nicht berücksichtigt, daß die Pflanzenernährung nicht nur von der Nährstoffmenge im Boden, sondern vor allem von der Menge und Aktivität der Bodenlebewesen abhängt, die die Nährstoffe erst für die Pflanze verfügbar machen und eine Bodenstruktur erhalten, in der die Pflanze neben den Nährstoffen auch noch genug Luft und Wasser bekommt. Die chemische Bodenuntersuchung gibt also nur einen sehr groben Überblick darüber, ob und wie der Boden mit Nährstoffen versorgt ist. Wir können meist davon ausgehen, daß unsere Gartenböden für ausreichende

Erträge genügend Nährstoffe enthalten – entscheidend ist die Frage, ob das Bodenleben auch in der Lage ist, diese Nährstoffe zu lösen und für die Ernährung der Pflanzen aufzubereiten!
Darüber gibt uns aber die chemische Bodenuntersuchung kaum Auskunft. Lediglich der pH-Wert, also die Angabe über den Säuregrad des Bodens, kann uns einen Anhaltspunkt über die Bodenaktivität geben: Ein idealer pH-Wert bewegt sich um die Zahl 7 herum. Ein saurer Boden hat einen niedrigen pH-Wert, etwa 4 oder 5. Im sauren Boden sind einige Stoffumsetzungen gestört, ebenso wie im zu alkalischen oder kalkigen Boden, bei pH-Werten mit etwa 8 oder 9. Nun ist es aber auch nicht einfach so, daß man zum Beispiel einen sauren Boden nur kalken muß, und alles wäre wieder in Ordnung: Der pH-Wert, der Säuregrad des Bodens, ist vor allem ein biologischer Wert, das heißt, daß er **vom Bodenleben beeinflußt wird!** Ein gesundes, aktives Bodenleben kann durch seine Tätigkeit im Boden (Nährstofflösung, Stoffauf-, um- und abbau) aktiv den pH-Wert in den optimalen Bereich einregulieren.

Wenn wir also für beste Bedingungen im Boden sorgen, die das Bodenleben unterstützen, wird sich auch der richtige pH-Wert von selbst einstellen. Zu diesen Maßnahmen gehört vor allem die richtige Lockerung, Gründüngung usw., worüber wir in einem späteren Kapitel noch sprechen werden.

Den momentanen Fruchtbarkeitszustand kann uns also die chemische Bodenuntersuchung nicht beschreiben – sie kann uns nur grobe Anhaltspunkte über den Nährstoffgehalt geben.

Die Fingerprobe – den Boden begreifen

Gehen wir also in den Garten und nehmen den Boden einfach in die Hand – mit den Fingern können wir unseren Gartenboden am besten be-greifen! Sicher wissen Sie längst, welche Art von Boden in ihrem Garten vorherrscht

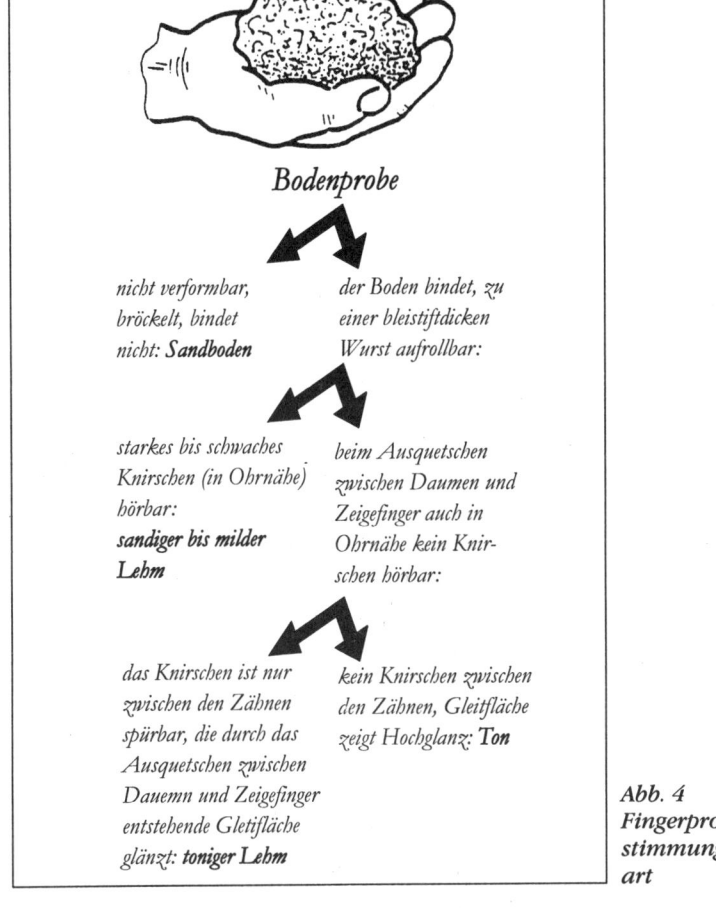

Abb. 4
Fingerprobe zur Bestimmung der Bodenart

– ob es ein sandiger oder sehr toniger Boden ist. Mit der sogenannten Fingerprobe läßt sich die Bodenart noch ein bißchen genauer bestimmen: Sie nehmen Boden in die Hand, der nicht zu trocken und nicht zu naß ist und versuchen ihn durch Reiben zwischen den Fingern zu formen und gehen nach obenstehendem Schema vor.

Die Bodenbestandteile Sand, Lehm und Ton kommen in jedem Boden in unterschiedlicher Menge vor – im Sandboden eben hauptsächlich Sand, im Tonboden vor allem Ton. Diese unterschiedlichen Zusammensetzungen geben den Bodenarten ihre unterschiedlichen Eigenschaften:

Sandböden sind meistens lockerer und leicht zu bearbeiten, neigen aber schneller zur Trockenheit und können nicht ganz so viele Nährstoffe speichern. Tonböden dagegen speichern viele Nährstoffe und Wasser, sind aber oft schwer zu bearbeiten (»schwere Böden«) und werden in Trockenperioden manchmal steinhart.

Die Lehmböden bilden die goldene Mitte davon und sind die fruchtbarsten Böden.

Ganz entscheidend für die Ertragsfähigkeit und langfristige Fruchtbarkeit ist aber die Bewirtschaftung des Bodens durch den Menschen – und da haben wir auf allen Bodenarten im Garten die Möglichkeit, optimale Fruchtbarkeit zu erreichen. Vor allem die Versorgung mit Humus ist wichtig – und hierzu gehört in erster Linie die möglichst dauernde Bodenbedeckung mit Pflanzen und das Vorhandensein von viel Feinwurzeln im Boden – dann kann aus dem leichtesten Sandboden und dem schwersten Tonboden angenehm weiche, nach Walderde duftende und fruchtbare Erde werden!

Betrachten der Bodenoberfläche

Durch aufmerksames Betrachten der Bodenoberfläche können wir schon einiges über Zustand und Fruchtbarkeit unseres Gartens aussagen:

Welche »Unkräuter« herrschen vor?

Um es gleich zu sagen: der Begriff »Unkraut« ist eigentlich völlig fehl am Platze, wenn wir von den wild aufgegangenen Pflanzen in unserem Garten sprechen. Erstens tragen Sie zur Vielfalt der unterirdischen Wurzelbildung

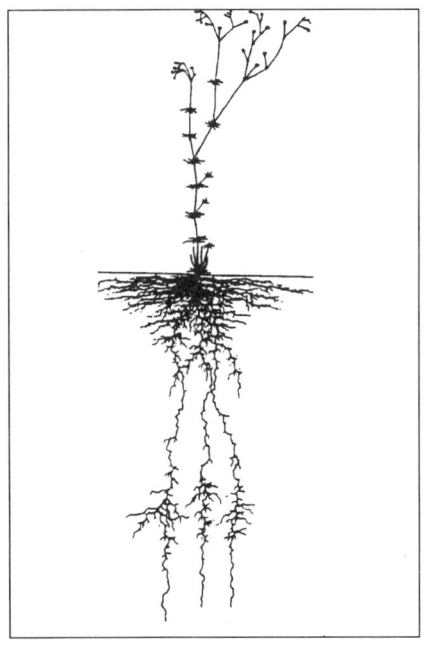

Abb. 5
Beikräuter erhöhen die Artenvielfalt auf und im Boden.

Abb. 6
Disteln zeigen Verdichtungen im Unterboden an.

bei und liefern damit dem Bodenleben eine wertvolle Ergänzung zu dessen Speisezettel.
Zweitens sorgen sie für Vielfalt im überirdischen Grünbewuchs, so daß Nützlinge Verstecke und Nahrung finden und Schädlinge von unseren Nutzpflanzen abgelenkt werden.
- **Die »Unkräuter« sagen uns außerdem Wichtiges über den Zustand des Boden**s, auf dem sie wachsen:
- **Hat mein Boden genug oder sogar zuviel Stickstoff**,
  so wachsen Klettenlabkraut, Brennessel, Gänsefuß, Melde oder Franzosenkraut.
- **Ist mein Boden verdichtet, muß er gelockert werden und fehlt ihm ausreichend Bodenleben**
  so finden wir Disteln (s. Abb. 6 vorige Seite), Löwenzahn, Quecken, Einjähriges Rispengras, Vogelknöterich.

Abb. 7 Verkrustete Bodenoberfläche

- **Habe ich einen sauren Boden**,
  dann fühlt sich Sauerampfer, aber auch die Heidelbeere wohl.
- **Kalkreichtum wird durch**
  Klatschmohn, Salbei, Tauben-Storchschnabel angezeigt.
- **Die erwünschte Bodengare zeigen uns**
  Vogelmiere, Purpurrote Taubnessel, Persischer Ehrenpreis, Schwarzer Nachtschatten (im Bereich der Oberkrume), Echte Kamille, Gänsefuß.

Wie sieht die Boden-Oberfläche aus, wie fühlt sie sich an?

- Finden wir Risse, dicke Brocken oder verschlämmte Stellen, dann ist dies ein Zeichen, daß die Oberfläche nicht genügend vor Witterungseinflüssen geschützt ist. Es fehlt die weiche Krümelstruktur, wie wir sie vom gesunden Waldboden her kennen, weil nicht genügend Bodenlebewesen und Wurzeln die Oberfläche stabilisieren.
- Zeigen sich nach einem Regenguß Wasserlachen, die nur sehr langsam versickern, so ist die Schwammstruktur des Bodens gestört. Ein gesunder,

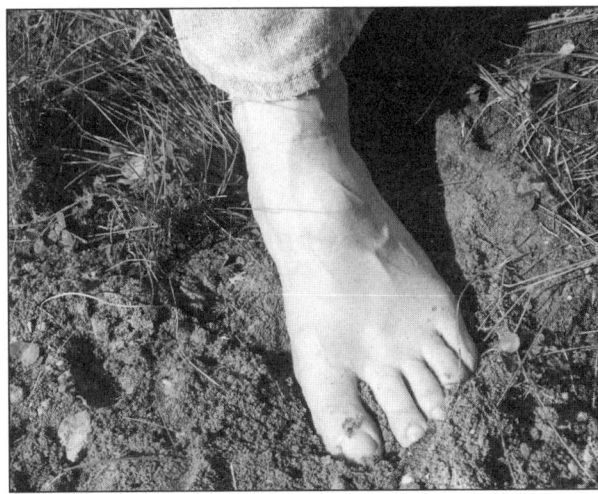

Abb. 8
Bodengare kann man fühlen

garer Boden kann einen Regenguß von 50 Litern pro Quadratmeter (!) in sich aufnehmen, ohne quatschnaß zu sein und Pfützen zu bilden.
- Machen wir doch einen einfachen Test: Wenn wir barfuß über unseren Boden gehen, spüren wir sofort harte kantige Stellen. Hier ist der Boden nicht gar. Er neigt bei Regen zu Verschlämmung und Erosion. Außerdem haben es Pflanzenkeimlinge schwer, hier anzuwachsen. Sorgen wir also für einen besseren Oberflächenschutz, z.B. durch Mulch- oder Kompostgaben und dadurch, daß wir darauf achten, daß der Boden möglichst immer mit grünen Pflanzen bewachsen ist.

Im Idealfall sieht man an der Bodenoberfläche die unregelmäßige, lockere Struktur der Krümel. Der Boden fühlt sich weich an und ist nie staubtrocken oder betonhart.

In einem solchen Saatbett fühlen sich unsere Nutzpflanzen wohl und können mit gutem Erfolg keimen.

Wie kann man aber die Fruchtbarkeit, also die Gare der tieferen Bodenschichten erkennen, die ja für den Ertrag der Nutzpflanzen entscheidend sind?

In den Boden hineinschauen –
Die Spatenprobe

Die Bodenuntersuchung mit dem Spaten hat sich in der Landwirtschaft schon lange bewährt: Abgesehen davon, daß man natürlich immer, wenn man mit dem Spaten aus irgendeinem Grund in den Boden sticht, zumindest unbewußt etwas über den Bodenzustand erfährt, hat in den dreißger Jahren dieses Jahrhunderts JOHANNES GÖRBING in Norddeutschland die Bodenuntersuchung mit dem Spaten systematisiert und »Spatendiagnose« genannt. Görbing entwickelte dazu einen speziellen Flachspaten (»Görbing-Spaten«), mit dem er die Felder der Bauern untersuchte. Er war Apotheker und von den Bauern gebeten worden, sich etwas zu überlegen, warum sie manchmal mit schlechtem Pflanzenwachstum zu kämpfen hätten. Bei seinen Untersuchungen der Böden kamen dann schnell die Probleme mit Bodenverdichtungen, falschem Pflügen usw. zu Tage und aufgrund der Spatendiagnose-Befunde wurde die Bodenbearbeitung verändert. Als später zunehmend chemische Dünger und Pflanzenschutzmittel eingesetzt wurden, war die richtige Bodenbearbeitung nicht mehr so entscheidend für die Erträge, so daß dann auch die Spatendiagnose schnell wieder in Vergessenheit geriet.

Wenn man heute seinen Hausgarten oder auch Acker wieder ohne Chemie, sondern nur aus der natürlichen Kraft des Bodens heraus bewirtschaften will, ist aber die Spatenprobe nach wie vor die beste, schnellste und preiswerteste Methode, um über den momentanen Fruchtbarkeitszustand des Bodens etwas zu erfahren. Mit dem ausgegrabenen Bodenblock auf dem Spaten vor Augen kann man dann sehr schnell erkennen, wie sich die Bodenbewirtschaftung auswirkt und Entscheidungen für die weiteren bodenverbessernden Maßnahmen treffen.

Was braucht man?

Für die Beurteilung des Bodens in unserem Hausgarten mit der Spatendiagnose benötigt man nur wenig spezielles Gerät:

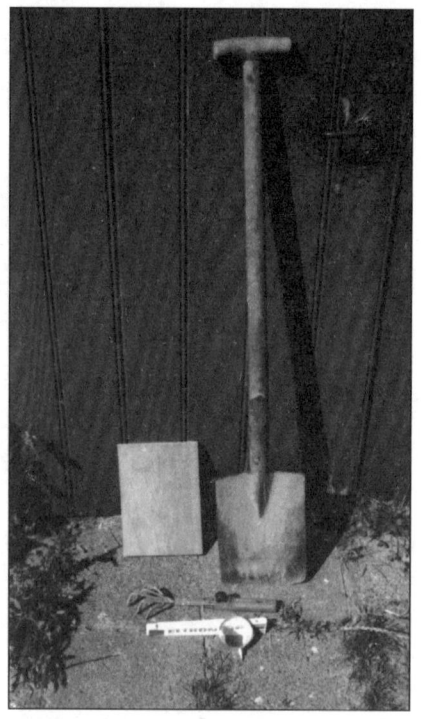

Abb. 9
Spatendiagnose-Zubehör

- Einen Spaten, der flach geschmiedet und etwa 30 cm lang sein soll. Sie können im Prinzip jeden nicht allzu stark gebogenen Gärtnerspaten nehmen. Wer für Qualität schwärmt, wird an einem geschmiedeten Edelstahlspaten mit bruchsicherem Stiel viel Freude haben. (Hersteller siehe Anhang) Mit diesem Spaten sticht man den Bodenblock aus; ist der Spaten zu stark gekrümmt, kann man den Boden nicht in seinem natürlichen Zustand entnehmen. Die Länge ist wichtig, um das Bodenprofil auch am Übergang zwischen Krume und Untergrund kontrollieren zu können.
- Ein Brettchen – etwa so groß wie das Spatenblatt.

- Eine Gärtnerkralle
- Eine Lupe
- Schreibblock, Lineal und Kamera zur Dokumentation. (Dies ist besonders am Anfang wichtig, um Vergleiche zwischen den unterschiedlichen Proben anstellen zu können und die Entwicklung der Bodenfruchtbarkeit festzustellen.)
- Wer möchte, kann sich noch zwei Stützen kaufen oder selbst basteln, so daß die Spatenprobe nicht auf den Boden gelegt werden muß, sondern in Augenhöhe betrachtet werden kann.

Wann soll man die Proben nehmen?

Der beste Zeitpunkt für die Spatendiagnose ist dann, wenn das Pflanzenwachstum an seinem Höhepunkt angelangt ist. Das ist etwa von Mai bis Juli. Im Frühsommer durchziehen die meisten Wurzeln den Boden. Wir können an ihrem Wachstum erkennen, ob sie sich in allen Schichten des Bodens wohlfühlen, oder ob es Stellen gibt, die von den Wurzeln gemieden werden, die wir also noch verbessern müssen.

Ist der Boden steinhart und zu trocken, tut man sich bei der Probennahme sehr schwer. Zu naß sollte der Boden allerdings auch nicht sein – sonst produziert man nur Schmiererei.

Am einfachsten geht die Spatenprobe, wenn kurz vor der Probennahme, z.B. in der Nacht zuvor etwas Niederschlag gefallen ist: Aus der leicht feuchten Erde ist der Bodenblock einfach herauszunehmen, und man erkennt die wichtigsten Strukturen sofort.

Wo nimmt man Proben?

Um möglichst viel über den Boden zu erfahren, wird man am besten eine durchschnittlich gut bewachsene Stelle auswählen. Gibt es im Garten aber Stellen, an denen die Pflanzen kränkeln, oder aber auch welche mit überaus gutem Wachstum, dann empfiehlt es sich, jeweils eine Probe am schlechtesten Standort und eine am besten Standort zu entnehmen.
Wichtig ist, daß in jedem Fall Pflanzen mit ausgegraben werden! Am besten wählt man die Stelle so, daß neben den Nutzpflanzenwurzeln auch einige »Unkräuter« auf dem entnommenen Bodenblock wachsen.

Wie geht das? – Die Methode des Ausgrabens

Wir wollen einen Erdblock mit dem Spaten aus der Erde herausstechen, um sein Profil direkt vor uns betrachten zu können. Das geht am einfachsten so (Bitte beachten Sie den Farbtafelteil in der Mitte des ÖkoRatgebers!):

1. Ausheben einer Grube

Haben wir eine geeignete Stelle gefunden, so räumen wir zunächst eventuell auf der Oberfläche liegendes Grünzeug oder Mulchmaterial weg.
Nun heben wir eine Grube in Spatentiefe aus. Sie soll allerdings etwas breiter sein als das Spatenblatt, denn das erleichtert später das Herausnehmen des Erdblocks.
Ist die Grube ausreichend groß, sticht man mit dem Spaten eine Seite glatt und sauber ab. Dieses ist die erste Seite unseres Bodenblocks.

2. Stechen der seitlichen Schlitze

Mit dem Spaten werden wie in der Abbildung ersichtlich die Seiten des zu entnehmenden Bodenblocks abgestochen.

An die bereits abgestochene Seite drücken wir das Brettchen, damit die Erde dort etwas fixiert ist und nicht gleich abbröckelt.

3. Abstechen der letzten Seite des Bodenblockes

Bei allen folgenden Arbeitsgängen ist behutsam vorzugehen, damit die Probe nicht zerfällt!

Der Spaten wird nun langsam etwa in 15 cm Abstand parallel zu dem Brettchen in voller Tiefe in den Boden gedrückt; das geht fast immer sehr leicht, deswegen nicht zuviel Schwung nehmen!

Manchmal stößt man aber schon Anfangs auf harte, schwer durchdringbare Schichten. Spürt man einen federnden Widerstand, so kann das eingearbeiteter unverrotteter Stallmist und Stroh sein.

Auf sehr lockeren, garen Böden läßt sich der Spaten mit den Händen in volle Tiefe eindrücken, oft muß man sich aber nach ca. 10 cm auf den Spaten stellen.

Ein Tip: Um das Gleichgewicht zu halten, wenn man auf dem Spaten steht, hält man sich am besten an einer zweiten Person fest.

Stößt der Spaten auf einen größeren Stein, was durch den Widerstand leicht spürbar ist, so versucht man, den Stein durch links–rechts Hin- und Herpendeln des Spatens und durch Versetzen des Spatens in der Schnittlinie zu umgehen. Ist das nicht möglich, muß man sich eine neue Stelle zur Probennahme suchen.

Nach einiger Übung werden Sie schon beim Eindrücken des Spatens am Widerstand erkennen, wo der Boden Verdichtungen aufweist.

Der Bodenblock ist jetzt zwischen Brettchen und Spaten »eingeklemmt«. Er ist nur noch an seiner Unterseite mit dem restlichen Erdreich verbunden, kann aber durch leichtes Vor– und Zurückbewegen des Spatens herausgebrochen werden.

4. Herausnehmen des Bodenblocks aus der Grube

Dieser Arbeitsgang ist der Schwierigste, besonders bei trockenem Erdreich, wenn die Probe leicht bröckelt. Am besten arbeitet man hier zu zweit: Eine Person greift in die Grube und unterstützt den Bodenblock an seiner Unterseite mit den Händen, damit er nicht nach unten abrutscht. Die andere Person kippt den Spaten langsam nach hinten und hebt die Bodenprobe aus der Grube heraus.

Nun trägt man die auf dem Spaten liegende Probe an eine geeignete Stelle zur Beurteilung. Wenn man es sich bequem machen will, legt man sie auf die selbstgebastelten oder gekauften Stützen, so daß man die Probe in Augenhöhe liegen hat und sich nicht bücken muß.

5. Freilegen der Bodenstruktur mit der Kralle

Durch das Herausarbeiten des Probenblocks ist die Erde an den Profilseiten mit dem Spaten »bearbeitet« worden und deshalb nicht mehr ganz im ursprünglichen Zustand. Da wir aber die momentan natürliche Lagerung des Bodens betrachten wollen, müssen wir ins »Innere« des Bodenblocks schauen, wo der Boden nicht bearbeitet wurde, sondern in natürlicher Struktur zu sehen ist.

Hierzu benützen wir die Gärtnerkralle: Man drückt die Zinken der Kralle von oben am Rand des Bodenblocks ein und zieht den erfaßten Boden vorsichtig ab – dabei fällt der bearbeitete Randbereich des Bodens entlang der »natürlichen« Rißlinien weg und gibt den Blick auf die natürliche Lagerung im Inneren des Bodenblocks frei.

Achtung: Nicht mit der Kralle im Bodenblock herumkratzen! Einfach Einstechen und Abreißen!

Dies machen wir am besten auf beiden Seiten des Spatenprofils von oben bis unten, so daß wir eine möglichst große Untersuchungsfläche haben.

Jetzt kann die Bodenuntersuchung losgehen!

Die Methode des Ausgrabens

Oben links:
Ausheben einer Grube

Oben rechts:
Stechen der seitlichen Schlitze

Unten:
Abstechen der letzten Seite
des Bodenblocks – parallel
zum Brettchen

(Fortsetzung auf der folgenden Seite)

Die Methode des Ausgrabens
(Fortsetzung)

Herausnehmen des Bodenblocks aus der Grube

Freilegen der Bodenstruktur mit der Kralle

Spatenprobe – fertig zur Beurteilung

Optimale Bodenstruktur, hohe Fruchtbarkeit

Lehmboden in optimalem Garezustand – von oben bis unten Krümelung

Optimale Krümelstruktur und Durchwurzelung nach Gründüngung

Garer Sandboden – gut angerottete Erntereste und Regenwurmaktivität

Böden in sehr guter Entwicklung

Noch hat der Boden zwar Stellen mit größeren Bodenbrocken, aber die Wurzeln »machen« bereits gute Krümelstruktur auch in der Unterkrume

Um die noch glatten Flächen der größeren Bodenteilchen entsteht schon sehr schöne Krümelstruktur im ganzen Bodenprofil. Auch Feinwurzeln sind überall verteilt und können Bodenleben ernähren.

Die Wurzel zeigt mit ihrem geraden Wuchs und der feinen Verzweigung bereits gute Lebendigkeit des Bodens bis etwa 20 cm Tiefe an.

Diese drei Spatenproben zeigen sehr schöne Krümelstruktur und Lebendigkeit in der Oberkrume (bis 15 cm Tiefe), darunter ist der Boden aber noch dicht und kann wenig zum Ertrag beitragen.

Bodenstrukturen, die wenig Wasserspeichervermögen und Verdichtung anzeigen

Nur die obersten Zentimeter sind krümelig und mit Feinwurzeln durchsetzt, darunter sind große, glattflächige Bodenbrocken, zwischen denen die Wurzeln ohne Verzweigung nach unten gehen und nach Wasser suchen.

Sehr schlechte Bodenstrukturen – niedrige Ertragsfähigkeit

Ein Boden, der nur flach bearbeitet (z.B. gefräst) wird, verdichtet sich in der Unterkrume, weil kaum noch Wurzeln nach unten kommen. Die Nährstoffe können so nicht ausgenutzt werden.

Ein verdichteter, trockener Tonboden kann richtige »Klötze« bilden, in die kaum noch Wurzeln und Wasser eindringen können.

Auch ein Sandboden kann dicht sein und keine Wurzeln in der Unterkrume aufweisen.

Gründüngung

Oben links:
Phacelia – eine Gründüngungspflanze, die viele nützliche Insekten in den Garten lockt.

Oben rechts:
Gründüngung – immer am besten im Gemenge! Dann ergänzen sich die unterschiedlichen Pflanzen und Wurzeln – außerdem sind die verschiedenen Blüten eine Augenweide!

Unten:
Winterwicke – eine Gründüngungs-Pflanze, die auch im Herbst ausgesät werden kann und über Winter schöne Wurzeln macht.

Was kann man alles erkennen?
Die Bodenbeurteilung

Wenn man noch nicht viel Erfahrung im Beurteilen von Bodenstruktur hat, kann es sein, daß man beim Betrachten der ausgegrabenen Bodenprobe erst einmal »nichts« sieht. Zumindest fällt es schwer, zu entscheiden – ist das, was man sieht, nun gut oder ist es schlecht? Erde sieht eben zunächst aus wie Erde – die feinen, aber doch wichtigen und bei genauerem Hinsehen auch deutlichen Unterschiede verstecken sich erst einmal hinter dem Gesamteindruck des mit Wurzeln vermischten Erdblocks, der da nach dem Ausgraben vor uns liegt.

Deshalb ist es hilfreich, sich ein Beurteilungsschema anzugewöhnen, nach dem man bei der Spatenprobe jedesmal vorgeht, so daß man systematisch die verschiedenen Bodeneigenschaften nacheinander beurteilt, die dann in der Zusammenfassung das Gesamtbild der momentanen Bodenfruchtbarkeit ergeben.

Die wichtigsten Eigenschaften, die man zur Einschätzung der Bodenfruchtbarkeit beurteilen muß, sind:

- Bodenstruktur
- Durchwurzelung
- Verteilung der Feuchte im Boden

In dieser Reihenfolge geht man dann auch bei der praktischen Durchführung der Spatenprobe vor:

Für die praktischen Arbeiten beachten Sie bitte den Farbtafelteil in der Mitte des Buches!

1. Bodenstruktur

Das deutlichste Ausdrucksmerkmal für die Lebendigkeit und Fruchtbarkeit eines Bodens ist seine Struktur – also die Grob- und Feinstruktur der Oberflächen und Bodenteilchen, die wir in der Spatenprobe sehen.

Wie ein »garer« Boden aussieht, wissen wir alle: Der Boden besteht aus vielen kleinen Krümeln, die in lockerem Zusammenhalt eine Bodenstruktur ausbilden, in der sehr viel Luft und Wasser gespeichert werden kann: Die Schwammstruktur. Dabei ist jeder einzelne Krümel kaum einen halben Zentimeter groß, ist rundlich mit zahlreichen Aus- und Einbuchtungen (es lohnt sich sehr, dies einmal unter einer Lupe oder gar einem Mikroskop zu betrachten!).

Sogenannte »echte Krümel« werden durch die Tätigkeit des Bodenlebens gemacht: Feinste Pilzfäden umschließen die Sand- und Tonkörnchen des Bodens, Wurzel- und Mikrobenausscheidungen verkleben kleinste Bodenteilchen miteinander zu unregelmäßigen Gebilden, die durch Aneinanderreihung und Verklebung eine stabile, aber luftdurchlässige und wasserspeichernde Struktur bilden: Der Boden wird wie ein Schwamm, der viel Wasser »schlucken« und als Wasserfilm an den Krümeloberflächen auch für Trockenzeiten gut speichern kann. Gleichzeitig hat er in den vielen Hohlräumen genug Platz für die lebensnotwendige Luft im Boden.

Grundbausteine für diese optimale Schwammstruktur der Bodengare sind also die echten Krümel.

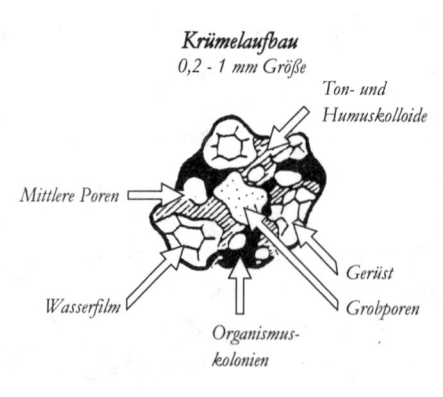

Krümelaufbau
0,2 - 1 mm Größe

Abb. 10
Ein optimaler Bodenkrümel

(Beschriftungen: Ton- und Humuskolloide, Mittlere Poren, Gerüst, Wasserfilm, Grobporen, Organismuskolonien)

Schon sehr bald lernen wir echte Krümel zu erkennen – eine Lupe zu verwenden, ist dabei sehr hilfreich: Die kleinsten, rundlichen Bodenteilchen mit der unregelmäßigen Oberfläche sind vor allem in den obersten Bodenschichten anzutreffen, weil dort die Bedingungen für das Bodenleben am besten sind.

Je tiefer im Bodenprofil Krümel anzutreffen sind, desto fruchtbarer ist der Boden: Krümelstruktur sorgt für Luft im Boden und an den Bodenkrümeln sind die meisten Mikroorganismen des Bodenlebens versammelt.
Diese wiederum stellen Nährstoffe für die Pflanzen bereit.
Wo immer wir Krümelstruktur im Boden antreffen, können wir davon ausgehen, daß der Boden tätig und lebendig ist!

Meistens ist es auch so, daß ganz deutlich zu sehen ist, wie Wurzeln und echte Krümelstruktur im Zusammenhang stehen: Wie schon erwähnt, stellen die Pflanzen mit ihren Feinwurzeln und Wurzelausscheidungen dem Bodenleben das notwendige »Energiefutter« zur Verfügung, damit die Bodenorganismen ihrerseits für die Pflanzen Nährstoffe aus dem Boden herauslösen und an die Wurzeln bringen können.
Diese enge Zusammenarbeit im Wurzelbereich sieht man meistens sehr gut, wenn Wurzeln intensiv mit Erde verklebt sind: Auch wenn der Boden ansonsten vielleicht nicht so locker und krümelig ist - dort wo Feinwurzeln sind, wird auch die Bodenstruktur im engsten Wurzelbereich deutlich krümeliger. In einem Boden, der vielleicht durch Gründüngung gerade »lebendig« gemacht wird, kann man das gut beobachten – auch wenn der Krümelbereich um die Wurzeln herum vielleicht nur ein paar Millimeter dick ist.

Abb. 11
Gute
Krümelstruktur
= garer Boden

Also – bei der Beurteilung der Bodenstruktur sucht man zunächst nach den **Krümeln**, den kleinsten Bodenteilchen, die eine Schwammstruktur bilden können, wie sie für »garen« Boden typisch ist.

Eher **mittlere Bodenfruchtbarkeit** oder -lebendigkeit wird durch Bodenstruktur angezeigt, die aus größeren Bodenteilchen besteht – in der Bodenkunde »Bröckel« genannt. Das sind Bodenteile, die etwa ein bis mehrere

Abb. 12
Bröckel: Anzeiger
für mittlere
Bodenfruchtbarkei

Zentimeter groß sind und eine rauhe Oberfläche besitzen. Dadurch, daß diese Bröckel größere Bodenaggregate sind, gibt es in einem bestimmten Bodenvolumen einfach weniger davon und deshalb auch weniger Hohlräume zwischen den Bodenteilen. Also kann hier weniger Luft im Boden zirkulieren, was alle Lebensprozesse im Boden erschwert. Wenn wir diese größeren Bröckel mit den Fingern vorsichtig aufbrechen und die Bruchflächen, eventuell mit der Lupe, betrachten, erkennen wir oft glatte Flächen mit scharfen Kanten im Inneren dieser Aggregate.

Dies weist uns auf innere Verdichtung des Bodens und Verlust der Schwammstruktur hin – hier kann nicht so viel Wasser gespeichert werden wie in der reinen Krümelstruktur.

Wirklich **schlechte Bodenstruktur** erkennen wir, wenn deutliche große Brocken im Spatenprofil zu sehen sind oder gar ein ganzer Teil (meistens der untere!) der Bodenprobe aus einem zusammenhängenden Block besteht. In diesen Blöcken gibt es dann meist längere, gerade Risse oder die kleineren Brocken haben scharfe Kanten und passen mit ihren geraden und glatten Oberflächen spiegelbildlich zusammen.

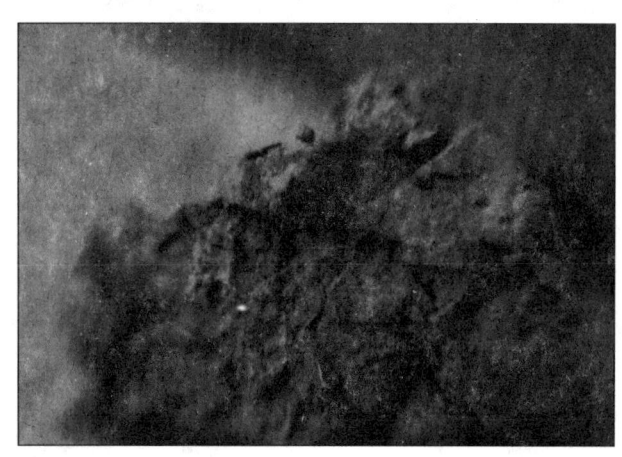

Abb. 13
Schlechte Bodenstruktur: Große, glattflächige Brocken

Diese »Polyeder- oder Fragmentstruktur« zeigt deutliche Bodenverdichtung oder einfach zu wenig Leben im Boden an.

Meist finden sich in dieser Bodenstruktur die Wurzeln nur als »Wassersuchwurzeln« mit wenig Verzweigungen in den Rissen zwischen den Bodenaggregaten, aber es gibt kaum Feinwurzeln, die in die Bodenbrocken hineinwachsen würden.

Das Fehlen von Wurzelausscheidungen und Mikrobentätigkeit, die zur Stabilität der Bodenstruktur beitragen würden, führt dazu, daß diese Bodenstruktur sehr unstabil ist:

Wenn es stark regnet, wird das Wasser nicht in die Bodenaggregate eingesaugt, sondern fließt sehr schnell in den Rissen ab. Dabei löst sich die unstabile, nicht »lebendig verbaute« Oberfläche der Bodenteilchen auf und schwemmt die Feinteilchen auf das nächste Hindernis – und so wird der Boden immer dichter und kompakter.

Auch an der Bodenoberfläche sieht man diesen Vorgang beim Regen, wenn der Boden nicht lebendig genug ist, weil er zu wenig mit Pflanzen bedeckt und mit Wurzeln versorgt ist. Der Boden wird dann »verschlämmt« – die Oberfläche zerfließt und bildet beim Trockenwerden richtige Krusten. In solch verkrustetem Boden wachsen junge Pflanzen sehr schlecht an.

Diese drei Haupterscheinungen der Bodenstruktur – Krümel, Bröckel und glatte Brocken (Polyeder, Fragmente) – kommen natürlich nur selten in Reinform vor. Meistens besteht der Boden aus einer Mischung von zwei oder allen drei Formen. Deshalb ist es leichter, den Bodenblock auf dem Spaten, also unser Bodenprofil, in Horizonte gewisser Tiefe aufzuteilen. Man könnte so zum Beispiel die Bodenstruktur erst in 0 bis 5, dann 5 bis 10, 10 bis 15 Zentimeter Tiefe usw. betrachten und beurteilen.

In der Praxis wird man sich aber der Einfachheit halber mit der Unterteilung des Bodenprofils in zwei Hälften begnügen: Zunächst die Tiefe von 0 bis 15 Zentimetern (die sogenannte »Oberkrume«) und dann die Tiefe von ca. 15 bis 30 Zentimetern (»Unterkrume«).

In der Oberkrume ist natürlicherweise in den meisten Fällen eine bessere Bodenstruktur, also mehr Krümelanteil zu finden. Das ist logisch, denn der obere Bodenteil ist näher an der Luft, die zusätzlich vielleicht durch Bearbeitung und Hacken eingebracht wird. Er bekommt das Regenwasser zuerst und dort wachsen die meisten Feinwurzeln. Die Bedingungen für das Bodenleben sind hier also meistens besser, was sich in »besserer« Bodenstruktur zeigt.

Unser Ehrgeiz muß es aber sein, auch den unteren Bodenteil, die Unterkrume, möglichst »gar«, also krümelig zu machen. Deshalb ist der Unterkrume bei der Spatenprobe immer besondere Aufmerksamkeit zu schenken. Hier sind auch die meisten Nährstoffe im Boden gelagert, die von einem durch Pflanzenwurzeln ernährten Bodenleben erst richtig für die Pflanzen erschlossen werden können. Außerdem kann hier viel Reservewasser für trockene Zeiten gespeichert werden, wenn es uns gelingt, auch in der Unterkrume eine Schwammstruktur aufzubauen und zu erhalten.

Abb. 14
Ein gutes Zeichen! Viele Feinwurzeln sind mit Erde verklebt.

2. Durchwurzelung

Aus den bisherigen Ausführungen hat man gesehen, daß die Wurzeln eine zentrale Rolle bei der Erhaltung der Bodenfruchtbarkeit spielen: Sie füttern das Bodenleben aus ihren Feinwurzeln mit Energie und bekommen vom Bodenleben wiederum die Nährstoffe, die sie für gesundes Wachstum brauchen. Deshalb ist die Beurteilung der Durchwurzelung natürlich sehr wichtig für die Beurteilung der aktuellen Bodenfruchtbarkeit:

Ganz generell kann man sagen: Dort, wo viele Wurzelhärchen an Feinwurzeln mit vielen Verzweigungen im Boden zu erkennen sind, herrschen beste Voraussetzungen für das Leben im Boden und damit für das Pflanzenwachstum. Meistens sind die Feinwurzeln eng mit Erde verklebt und in Krümelstruktur eingebettet – man glaubt fast, mit bloßem Auge oder der Lupe die enge Zusammenarbeit von Pflanzenwurzeln und Bodenleben zu sehen. Durch die Verklebung mit der Erde sind die Wurzeln oft braun, manchmal sogar schlecht zu erkennen.

Wenn helle, weiße Wurzelteile zu sehen sind, dann deutet dies meist darauf hin, daß die Pflanze hier hauptsächlich Stoffe oder Wasser aus dem Boden herauszieht, aber wenig für das Bodenleben abgibt. Helle, gerade Wurzeln ohne Verzweigungen, die nur in Rissen den Boden durchqueren und nicht in die Bodenteilchen hineinwachsen oder sie »umspinnen«, zeigen an, daß der Kontakt zwischen Pflanzen und Bodenleben sehr gering ist und deshalb

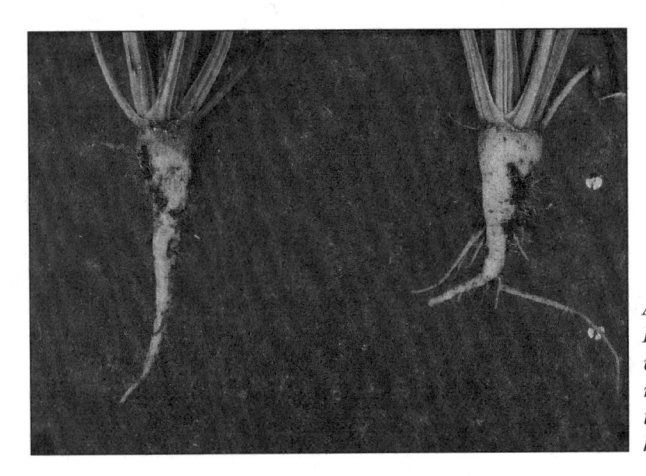

*Abb. 15
Die linke Wurzel wächst normal. Die rechte ist auf Verdichtungen gestoßen und knickt ab.*

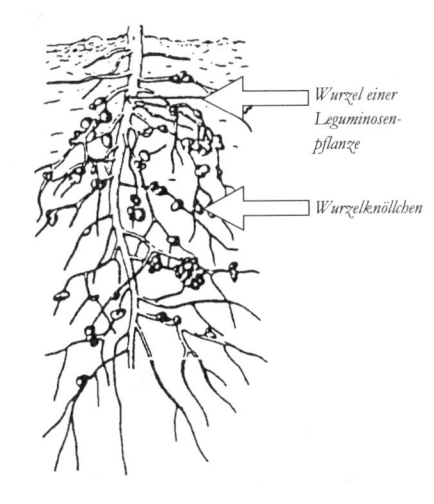

Wurzel einer Leguminosenpflanze

Wurzelknöllchen

die Pflanzenernährung unvollständig wird. Auf solchen Böden sinken die Erträge schnell ab.

Deutlich abknickende Wurzeln zeigen oft Verdichtungen im Boden an, die nicht durchdrungen werden können und vielleicht sogar Sperrschichten für Luft und Wasser bilden. Diese Sperrschichten müssen Sie bei der nächsten Gelegenheit auflockern.

Die billigste und gleichzeitig wirkungsvollste Stickstoffdüngung des Bodens liefert uns die Natur selbst: Schmetterlingsblütler (Leguminosen), also Klee, Erbsen, Wicken u.ä. können mit Bodenlebewesen auf sehr spezielle Art und Weise zusammen-

Abb. 14

Wir beurteilen also, auch hier wieder unterteilt in Ober- und Unterkrume, ob und wieviele Wurzeln bzw. Feinwurzeln im jeweiligen Bodenbereich vorhanden sind und können daraus wichtige Voraussetzungen für Pflanzenwachstum entnehmen: Viele Wurzeln mit guter Verzweigung in Feinwurzeln und Wurzelhaare weisen auf hohe Bodenfruchtbarkeit hin.

Wenig Wurzeln, die vielleicht sogar abknicken oder nur durch Risse nach unten gehen, zeigen wenig Lebendigkeit an.

Meistens geht gute Durchwurzelung mit vielen Feinwurzeln mit schöner Krümelstruktur einher, während sich in und um dichte Bodenbrocken herum nur wenige, meist unverzweigte Wurzeln finden.

arbeiten: Sogenannte Knöllchenbakterien wachsen in die Wurzeln ein und bilden dort charakteristische »Wurzelknöllchen«, in denen sie aus der Bodenluft Stickstoff binden und so für die Pflanze als Nährstoff verfügbar machen können. Im Gegenzug bekommen sie von der Pflanze stärkehaltiges Energiefutter – diese Symbiose zeigt also optimale Zusammenarbeit von Pflanzen und Boden an, die wir an den deutlich sichtbaren Wurzelknöllchen dieser Pflanzenarten erkennen können.

Außerdem zeigt uns das Vorkommen dieser Knöllchen an den Wurzeln an, daß in diesem Bodenbereich genug Luft im Boden ist, weil die Bakterien den Stickstoff ja – kostenlos – aus der Luft binden! Fazit: Je mehr Knöllchen, desto besser!

3. Bodenfeuchte

Wasser ist mit der wichtigste Faktor für gesundes und ertragreiches Pflanzenwachstum – das weiß jeder Gartenbesitzer. Alle Lebensprozesse, jeder Um- und Abbau von Stoffen im Boden braucht Wasser. Bodenlebewesen und Pflanzen können ohne Wasser (und Luft!) nicht arbeiten und wachsen. Deshalb ist es wichtig, daß der Boden genug Wasser aufnehmen, speichern und im richtigen Moment auch wieder abgeben kann. Dies funktioniert am besten, wenn die Bodenstruktur wie ein Schwamm ist: An den vielen inneren Oberflächen wird das Wasser als Film gespeichert und kann so ins Innerste der Bodenaggregate vordringen, während gleichzeitig in den vielen Hohlräumen die Luft den Boden durchziehen kann, so daß der Austausch von Sauerstoff und Kohlendioxid stattfindet.

Die Überprüfung der gleichmäßigen Verteilung der Feuchte im Boden ist also wichtig für unsere Beurteilung der Bodenfruchtbarkeit.

Hierzu nehmen wir Bodenteilchen in die Hand und zerreiben den Boden zwischen den Fingern, um die Bodenfeuchte zu prüfen. Wir müssen nicht den Prozenanteil von Wasser im Boden schätzen – es reicht, wenn wir sagen können: Hier ist der Boden trocken, hier ist er feucht, hier ist er naß. (Übrigens – wenn Sie den Wassergehalt ganau wissen wollen, können Sie eine abgewogene Menge von Boden in einem Gefäß über Nacht – ca. 14 Stunden bei ca. 120 Grad – in den Backofen stellen und den trockenen Boden wieder wiegen. Die Differenz zwischen Frisch- und Trockengewicht entspricht dann dem Wassergewicht.)

Mit der einfachen Fingerprobe kann man sehr deutliche Unterschiede im Feuchtegehalt des Bodens feststellen, wenn man die unterschiedlichen Bodenbereiche durchtestet. Meist wird man bemerken, daß Bodengare, also Krümelstruktur, im gewünschten gleichmäßigen Feuchtezustand ist, während gröbere Bodenaggregate meist trockener sind oder auf verdichteten Bodenstellen (Stauhorizonten) der Boden plötzlich zu naß ist, was bedeutet, daß hier zu wenig Luft zirkulieren kann. An diesen Stellen gibt es oft

Fäulnisprozesse, die bestimmte Fäulnisgifte (z.B. Schwefelwasserstoff, Methan) freisetzen, welche wiederum für unsere Nutzpflanzen schädlich sind.

> *Ein Boden im besten Fruchtbarkeitszustand ist weder zu naß noch zu trocken – er fühlt sich beim Zerreiben zwischen den Fingern angenehm feucht an und man spürt und sieht (dunklere Färbung!) die Feuchtigkeit im Inneren der Bodenteilchen gespeichert.*
> *Ein zu nasser Boden, in dem alle Hohlräume überflutet und verschmiert sind, hemmt die Lebensabläufe für das Pflanzenwachstum genauso wie ein zu trockener Boden.*

Wenn Sie so systematisch Ihren Bodenblock untersuchen (1. Bodenstruktur, 2. Durchwurzelung, 3. Feuchteverteilung), werden Sie schnell einen Überblick über den Zustand Ihres Gartenbodens bekommen. Dieser Zustand ändert sich natürlich laufend. Daher machen Sie die Spatenprobe am besten möglichst oft.

Hierzu ist es lohnend, den festgestellten Befund auch zu dokumentieren: Das Einfachste ist, den ausgegrabenen Bodenblock zu fotografieren. Dabei ist es hilfreich, einen Zettel oder ein kleines Schildchen mit Datum und Ort der Probenahme am Bodenblock anzubringen und mitzufotografieren – das erleichtert die spätere Zuordnung der Bilder.

Auf den Fotos kann man aber nie alles erkennen – zum Beispiel die Bodenfeuchte oder die Feinwurzeln und die Feinstruktur des Bodens. Deshalb bietet es sich an, auf einem Formular die festgestellten Befunde einzutragen und zu archivieren. So gewinnt man mit der Zeit auch einen Überblick über die »Geschichte« der Bodenfruchtbarkeit im eigenen Garten. Wir haben einen Formularvorschlag gemacht, den Sie nebenstehend finden und kopieren können, um damit in Ihrem Garten zu arbeiten.

Spatenproben-Befund

Datum:　　　　　　　　Beet:　　　　　　　　Bewuchs:

	Bodenstruktur	Wurzeln	Bodenfeuchte
Oberkrume (bis ca. 15 cm Tiefe)	Gute Krümelstruktur ☐ Mittlere Struktur, einige größere Bröckel ☐ Schlechte Struktur, viele glattflächige Bröckel ☐	Viele Feinwurzeln ☐ Wenig Feinwurzeln ☐ Kaum Wurzeln ☐	gleichmäßig feucht ☐ eher naß ☐　eher trocken ☐ naß ☐　trocken ☐
Unterkrume (ca. 15 bis 30 cm Tiefe)	Gute Krümelstruktur ☐ Mittlere Struktur, einige größere Bröckel ☐ Schlechte Struktur, viele glattflächige Bröckel ☐	Viele Feinwurzeln ☐ Wenig Feinwurzeln ☐ Kaum Wurzeln ☐	gleichmäßig feucht ☐ eher naß ☐　eher trocken ☐ naß ☐　trocken ☐

Foto

Bemerkungen:
(Verdichtungen, Stickstoffknöllchen, Bodentiere, organische Reste, Übergang zum Untergrund usw.)

Auf diesem Formular werden dann neben den drei wichtigsten Befunden zu Struktur, Wurzeln und Feuchte auch all die Dinge unter »Bemerkungen« notiert, die sonst noch bei der Bodenuntersuchung auffallen.

4. Was Sie sonst noch in der Spatenprobe erkennen – Verdichtungen, Farbe, Geruch, etc.

Zum Beispiel können schon beim Aufgraben des Bodens besonders harte und dichte, aber auch besonders lockere Stellen auffallen, die man unter »Verdichtungen« beschreiben kann.

Oder Sie finden in einer gewissen Bodentiefe Stroh aus dem Pferdemist wieder, den Sie im letzten Herbst eingegraben haben. Jetzt können Sie feststellen, wie weit diese organischen Reste verrottet sind – wenn das Stroh bei leichtem Ziehen mit den Fingern reißt oder schon ganz bröselig ist, kann man von guter Bodenaktivität ausgehen, die die Pflanzenfasern schon gut aufgearbeitet hat. Schwarze, stinkende, nasse Schichten von eingearbeitetem Mist oder Grünmaterial zeigen Fäulnis an – hier fehlt genügend Luft. So kann die eingearbeitete organische Masse nicht, wie sie soll, verrotten und

Abb. 18
Riechen Sie mal am Boden!

den Boden verbessern, sondern fault unter Bildung von Wurzelgiften vor sich hin. Der Boden muß hier unbedingt lockerer und luftdurchlässiger gemacht werden.

Die Verrottung von Gründüngung oder die Einarbeitung von Kompost kann so kontrolliert werden.

Bei dieser Beurteilung ist auch unser Geruchssinn wichtig - nehmen Sie ruhig den Boden aus verschiedenen Tiefen an Ihre Nase! Ein lebendiger Boden riecht angenehm erdig, ein bißchen nach Wald (es sind vor allem die Bakterien und Pilze des Bodenlebens, die diesen Duft produzieren!), während ein schlecht durchlüfteter, zu nasser Boden unangenehm stechend und faulig stinkt.

Auch die Farbe des Bodens ist interessant: Meist wird man beim Graben in größeren Tiefen feststellen, daß es einen deutlichen farblichen Unterschied zwischen der bearbeiteten oberen Bodenschicht und dem Unterboden gibt: In den ersten 30 cm ist der Boden dunkler gefärbt, was durch den hohen Humusgehalt (die organischen Reste von Kompost, abgestorbenen Wurzeln, etc.) hervorgerufen wird. Nur in dieser Schicht ist der Boden überhaupt in nennenswertem Maße belebt, kann also den Pflanzen Nährstoffe zur Verfügung stellen. Je tiefer die Humusschicht, desto besser die Voraussetzungen für Fruchtbarkeit.

Ganz wichtig ist hierbei noch der Übergang zwischen Humusschicht und dem meist heller gefärbten Untergrund: Der Untergrund kann uns nämlich nicht egal sein, vielmehr dient er als Speicher für zahlreiche lebenswichtige Mineralien, ohne die die Pflanze nicht wachsen kann. Diese Mineralien können aber nur durch die Tätigkeit der Bodenlebewesen aus dem Untergrund herausgelöst und den Pflanzen dargeboten werden. Deshalb soll der Übergang zwischen belebter und weniger bzw. unbelebter Bodenschicht nicht wie eine radikale Bruchkante aussehen, sondern gleichmäßig, eher ein wenig »verwischt«. So können wir uns freuen, wenn wir Wurzeln finden, die in diese tiefen Schichten hineinwachsen, denn wo Wurzeln sind, fühlt sich Bodenleben wohl. Je belebter aber der Untergrund, desto besser auch die Versorgung der Pflanzen mit Mineralien aus der Tiefe.

Sie sollten sich alles, was Ihnen bei der Untersuchung Ihres Bodens auffällt, auf das Formular schreiben – zum Beispiel, wenn Sie Bodentiere erkennen, auch wenn man von einem Regenwurm pro Spatenprobe noch nicht darauf schließen kann, wieviele im ganzen Garten vorhanden sind.

Tiere im Boden

Die wenigsten Bodentiere, die in unserem ausgegrabenen Block leben, können wir mit dem bloßen Auge erkennen. In jeder Handvoll garer Gartenerde befinden sich mehr Tiere, als Menschen auf dem Erdball leben! Die meisten von ihnen sind mikroskopisch klein, viele von ihnen noch gar nicht erforscht. Gäbe es die Bodentiere nicht, so würden unsere Wälder im Herbst unter der Masse des abgestorbenen Laubs ersticken. Durch ihre Tätigkeit aber ist das Laub bis zum nächsten Frühjahr wieder annähernd beseitigt und die darin enthaltenen Mineralien der Erde und den Pflanzenwurzeln zugeführt.

Es ist interessant, wenigstens einige größere Tiere zu kennen, und zu wissen, welche Rolle sie für die Bodenfruchtbarkeit spielen.

Regenwürmer

Obwohl sie auf den ersten Blick alle gleich aussehen, gibt es viele verschiedene Arten. In unserem Bodenblock entdecken wir sicher einige Regenwumgänge, meistens sind diese innen mit dunklen Krümeln und Schleimen ausgekleidet. Viele Pflanzenwurzeln lieben Regenwurmgänge: Sie wachsen oft in diesen Röhren in die Tiefe. Der bekannteste Regenwurm heißt mit wissenschaftlichem Namen Lumbricus terrestris. Nachts kommt er aus seinem Gang hervor und zieht Blätter und anderes organisches Material zum Fressen hinein.

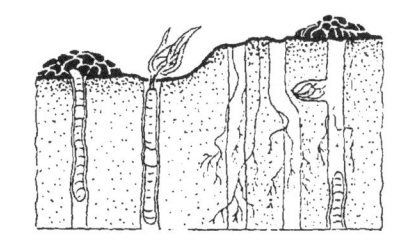

Abb. 19
Regenwürmer verwandeln in ihrem Körper organische und mineralische Teile zu fruchtbarster Erde. Regenwurmkot enthält bis zu 5x mehr Stickstoff, 7x mehr Phosphor, 11x mehr Kalium, 2x mehr Magnesium und Kalzium als Normalerde. Regenwürmer verbessern die Wasser- und Luftzirkulation.

Leichte Mulchgaben – überhaupt bedeckter Boden – locken daher die Würmer an.
Regenwürmer sind die besten Krümelproduzenten: Durch ihre Verdauungsprozesse wird das verrottete organische Material mit den Mineralstoffen des Bodens vermischt; es entstehen Ton-Humus-Komplexe, die mit Schleimen stabilisiert den idealen »Langzeit-Dünger« darstellen. Außerdem »durchpflügen« die Würmer bei ihrer Tätigkeit dauernd den Boden und bringen Luft auch in tiefere Schichten.

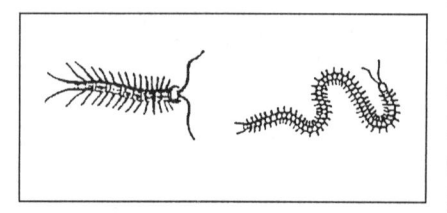

Abb. 20: links: Steinläufer, rechts: Erdläufer

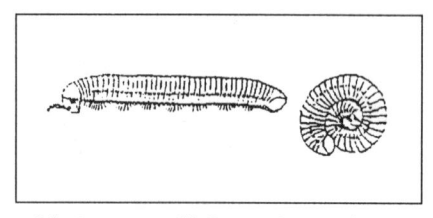

Abb. 21: Doppelfüßer, 5-40 mm lang

Tausendfüßer
Dazu zählen zum Beispiel die Hundertfüßer und die Doppelfüßer.
Ihr Körper ist in zahlreiche gleichförmige Segmente untergliedert. Pro Segment besitzen die Hundertfüßer ein Beinpaar. Schaut man sich die Mundgliedmaßen einmal mit der Lupe an, so sieht man gleich, daß es sich fast immer um räuberische Tiere handelt. Sie fressen z.B. Springschwänze.
Die Doppelfüßer besitzen pro Segment zwei Beinpaare und leben i.d.R. vegetarisch von verrottendem organischen Material. Dabei durchmischen sie mineralische Bestandteile den Boden mit Humus.

Asseln

Die Asseln gehören zu den wenigen landlebenden Krebsen. Manche Arten können sich bei Gefahr zusammenrollen. Sie ernähren sich zum Beispiel von Laubstreu.

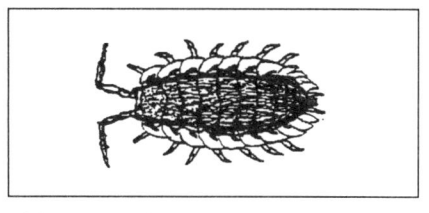

Abb. 22: Assel

Insektenlarven

Oft findet man Larven von Mücken und Fliegen, die meistens Pflanzenfresser sind und sich in den oberen humösen Bodenschichten aufhalten.

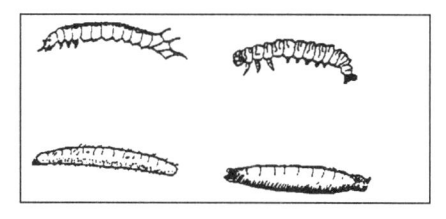

Abb. 23: Insektenlarven; oben Raupen (Schmetterlingslarven), unten Maden (Fliegenlarven)

Springschwänze (Collembolen)

Diese kleinen urtümlichen Insekten sind von Art zu Art sehr unterschiedlich gestaltet, je nach Bodenschicht, in der sie leben. Es gibt sie schon seit 300 Millionen Jahren! In erster Linie zerkleinern sie abgestorbene Blätter und anderes organisches Material, indem sie Löcher hineinfressen. Charakteristisch für diese Tiere ist ihre Sprunggabel, die in Ruhe unter den Bauch geklappt wird. Bei Gefahr schnellt die Sprunggabel nach unten und schleudert den Springschwanz z.T. mehrere Zentimeter weit . Bei den Springschwän-

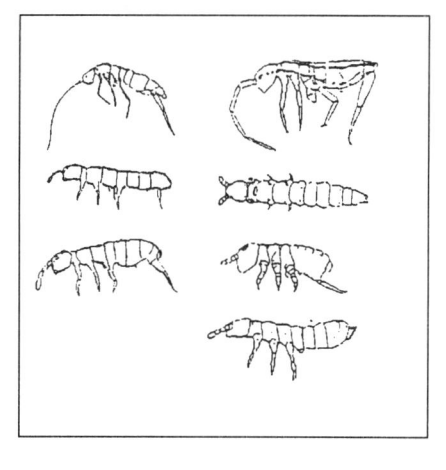

Abb. 24: Springschwänze verschiedener Arten

51

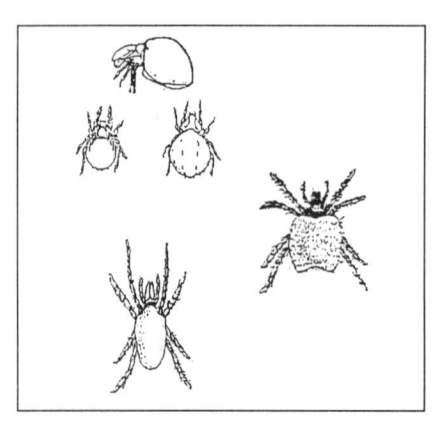

Abb. 25:
oben: Hornmilben (0,2-2mm), Mitte: Rote Samtmilbe (0,5-5mm), unten: Raubmilbe (0,5-1mm)

zen, die in tieferen Schichten leben, sind Sprunggabel und Augen zurückgebildet.

Milben

Milben haben immer vier Beinpaare, gehören also zum Verwandschaftsbereich der Spinnentiere. Es gibt langbeinige flinke Räuber (Raubmilben; diese halten im Garten viele Schadinsekten in Schach) und kurzbeinige Pflanzenfresser (z.B. Hornmilben), aber auch parasitisch lebende Milben wie die rote Samtmilbe, die an Weberknechten und anderen Bodentieren schmarotzt.

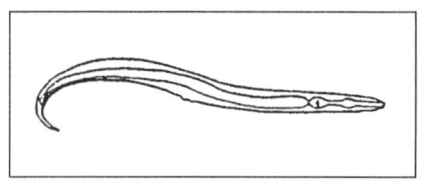

Abb. 26: Fadenwurm (Nematode), 0,5-2mm lang

Fadenwürmer (Nematoden)

Nach den Einzellern sind die Nematoden wohl die häufigsten Bodentiere. Interessant ist, daß die meisten Arten sowohl im feuchten Boden als auch in Süßwasser leben können. Ihr Körper ist nicht gegliedert, im Durchschnitt sind sie zwischen 0,5 und 2 mm lang.

Zu Unrecht sind die Fadenwürmer bei den Gartenbesitzern verhaßt: Wirkliche Wurzelparasiten sind nur wenige Arten. Die meisten Nematoden ernähren sich von winzigen Humusteilchen und Algen im Boden, andere von

Bakterien und Pilzen, wieder andere leben räuberisch. Nach Ansicht von Wissenschaftlern können sich einige Nematoden je nach Nahrungsangebot auf unterschiedliche Art und Weise ernähren: Normalerweise fressen sie abgestoßene Wurzelzellen und anderes totes organisches Material und leisten somit einen wertvollen Beitrag zum Bodenaufbau. Fehlt aber diese Nahrung, weil der Boden zuwenig Wurzeln enthält (z.B. weil man ständig sämtliches »Unkraut« jätet), so gehen die Nematoden dazu über, an Pflanzenwurzeln zu parasitieren. Erst dann werden sie also zu Schädlingen unserer Nutzpflanzen.

Übrigens muß man auch dann noch lange kein Gift im Garten sprühen: Die wunderschön gelb-orange blühende Tagetes scheidet Stoffe aus, die Nematoden vertreiben. Einfach einige Blumen mit den Nutzpflanzen ins Beet setzen!

Ohrwürmer

Nur wenige Gartenbesitzer wissen so recht, wie Ohrwürmer eigentlich leben. Sie sind nachtaktive Tiere, tagsüber verstecken sie sich in Bodenritzen, Laubstreu und unter Steinen. Manche Arten ernähren sich vorwiegend von pflanzlichem Material und Pilzfäden. Der Sandohrwurm zieht tierische Nahrung vor: Nachts erbeutet er zahlreiche kleine Insekten, z.B. Blattläuse.

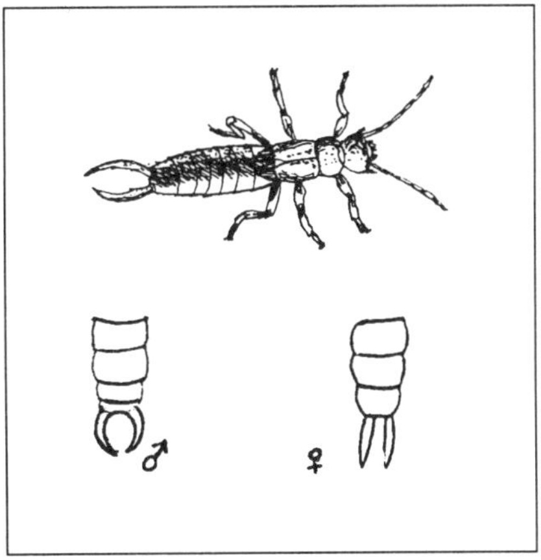

Die Geschichte, daß Ohrwürmer den Menschen in die Ohren kriechen und ins Trommelfell zwicken, gehört selbstverständlich in den Bereich der Schauermärchen.

Abb. 27: Unterscheidung der Geschlechter bei Ohrwürmern

Männliche Ohrwürmer erkennt man an den gebogenen Zangen am Hinterleib (Cerci), bei den Weibchen sind diese gerade.

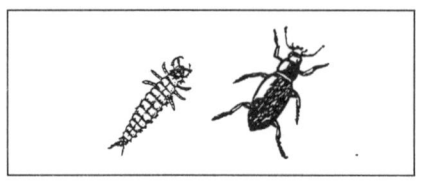

Abb. 28: Laufkäfer mit Larve, 25-35mm lang

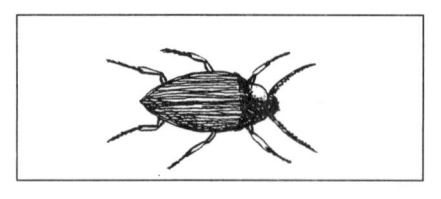

Abb. 29: Schnellkäfer, 15 mm lang

Käfer

Wenn sie sich mit Käfern näher beschäftigen wollen, kaufen Sie sich am besten ein spezielles Käfer-Bestimmungsbuch. Es gibt so viele und unterschiedlich lebende Arten, daß wir hier nur exemplarisch je eine räuberische und eine vegetarisch lebende Gattung vorstellen können:

Der Laufkäfer ist – wie sein Name schon sagt – äußerst flink. Er jagt Regenwürmer, Insektenlarven, etc.

Der Schnellkäfer ernährt sich von pflanzlichem Material. In seinem Darm bildet er bei der Verdauung wertvolle Huminstoffe.

Maßnahmen zur Erhaltung der Bodenfruchtbarkeit

Je öfter wir den Boden aufgraben und seine Struktur, die Wurzeln und die Feuchteverteilung im Boden betrachten, desto mehr bekommen wir ein sicheres Gefühl dafür, wie unser Boden im optimalen Zustand aussieht: Die gesamte Krume ist gleichmäßig krümelig, der Boden duftet angenehm erdig und ist gleichmäßig feucht. Aber was kann man tun, damit das so bleibt oder wieder so wird, wenn er einmal anders aussieht?

Dazu sind natürlich schon viele Bücher geschrieben worden und es gibt eine Menge von Empfehlungen zur Erhaltung der Bodenfruchtbarkeit im Hausgarten. Dies hier alles aufzuzählen und zu bewerten, würde den Rahmen dieses Buches bei weitem sprengen.

Wir wollen hier deshalb nur die Maßnahmen kurz, aber gezielt beschreiben, die uns helfen, unsere gewünschte Bodenstruktur in kurzer Zeit zu erreichen und zu erhalten:

Am wichtigsten ist es, immer daran zu denken, daß in einer Handvoll Boden mehr Bodenlebewesen wohnen als es Menschen auf der ganzen Welt gibt!

Diese unvorstellbar große Zahl von Lebewesen macht unseren Boden erst fruchtbar – wenn sie alle arbeiten und ihre jeweiligen Aufgaben im Boden erfüllen können, brauchen wir uns um die Ernährung der Pflanzen und unsere Ernte keine Sorgen mehr zu machen. Damit das klappt, müssen wir unsere Aufmerksamkeit also vor allem darauf richten, dem Bodenleben die Lebensbedingungen so gut wie möglich zu gestalten. All unsere Bewirtschaftungsmaßnahmen des Bodens sollen sich daran orientieren, daß sie das Bodenleben so gut wie möglich fördern und unterstützen!

Bodenlockerung

Bodenlockerung ist wichtig zum Beseitigen von Verdichtungen und eine wesentliche Voraussetzung für ungehindertes, dichtes und tiefes Wurzelwachstum. Außerdem kann das Regenwasser besser eindringen und gespeichert werden, ohne daß es sich auf der Bodenoberfläche staut. All dies ist wichtig für das Bodenleben: Für die Milliarden von Lebewesen muß Platz sein im Boden, deshalb müssen an möglichst kleinen Bodenteilchen viele Oberflächen vorhanden sein, an denen sie arbeiten können. Außerdem müssen sie sich von Feinwurzeln

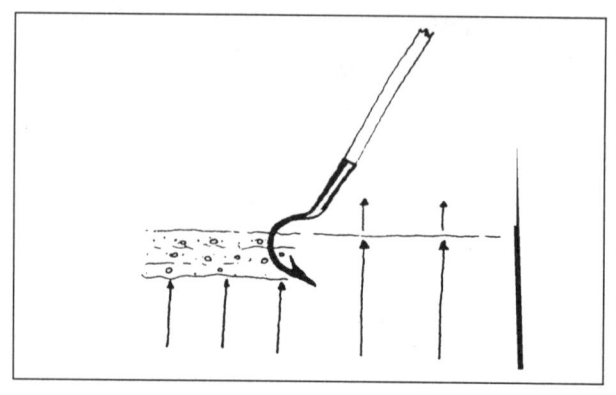

Abb. 30: Grabgabel

Abb. 31: Sauzahn

und deren Ausscheidungen ernähren können und an Wasser kommen – und Wasser und Wurzeln können nur im gelockerten Boden gut eindringen.
Vor allem die Durchlüftung und die Wasserspeicherung sind also das Ziel, wenn wir den Boden lockern.
Die Bodenlockerung im Garten geschieht meistens mit dem Spaten. Wir wissen mittlerweile, daß das komplette Umdrehen der Bodenkrume mit dem Spaten die natürliche Schichtung der Bodentiere durcheinanderbringen würde – deshalb versuchen wir beim Umgraben, den Boden möglichst nicht ganz »durcheinanderzubringen«. Am besten geht das mit der Grabgabel – sie hat auch beim Durchrieseln des Bodens durch die Zinken eine bessere Lockerungswirkung.
Die Lockerung mit dem »Sauzahn«, der durch den Boden gezogen wird, zum Beispiel vor der Aussat von Wurzelgemüse, bricht etwa vorhandene Verdichtungen sehr gut auf, ohne die Bodenschichten zu zerstören.

Bodenbedeckung und Gründüngung – die Vielfalt macht´s

Wir haben immer wieder darauf hingewiesen, daß nur intensives, aktives Bodenleben die Bodenfruchtbarkeit aufrechterhalten kann und daß dieses wiederum die Ausscheidungen und Reste von Pflanzenwurzeln als »Energiefutter« zum Überleben braucht.
Nun haben wir in unserem Garten natürlich nicht nur das Ziel, die Bodentiere zu ernähren, sondern wir wollen auch Pflanzen anbauen, die uns etwas nützen und die wir ernten wollen. Diese Nutzpflanzen, also etwa Gemüse, sind aber meistens dafür gezüchtet, daß sie vor allem etwas aus dem Boden herausholen, um oberirdische Erträge zu produzieren, die wir ernten wollen – und wenn es nur Schnittblumen sind.

Um nun die Probleme mit der einseitigen Auslaugung des Bodens durch Monokulturen zu vermeiden, bauen wir unsere Kulturpflanzen ja bereits meistens in Mischkultur an – zumindest beetweise wird man unterschiedliche Kulturen abwechseln und nach der Ernte selbstverständlich nicht wieder die gleiche, sondern eine andere Kulturart auf das Beet pflanzen.

Weiterhin wissen wir, daß offener, unbewachsener Boden in der Natur nie vorkommt – die ungehinderte Einwirkung von Sonne, Regen, Hitze und Kälte würde dem Bodenleben in der Oberfläche schaden und den Boden hart werden lassen. Deshalb sollten wir auch im Garten versuchen, möglichst immer den Boden bedeckt zu halten. Zwischen den Kulturpflanzen geht das am besten mit Mulchmaterial, zum Beispiel trockenem Gras oder Stroh, was auch Probleme mit »Unkräutern« vermindert.

Allerdings hilft auch ein dünner, lebendiger Teppich von kleinen Unkräutern wie Taubnessel, Ehrenpreis oder Vogelmiere unter großen und kräftigen Kulturpflanzen wesentlich mehr, als er schadet: Die lebendigen Wurzeln dieser Pflanzen ernähren das Bodenleben, die Bodenoberfläche wird beschattet und bleibt länger feucht und viele Nützlinge finden Nahrung.

Gezielte Aussaat von Gründüngung hilft uns auf abgeräumten Beeten nach der Ernte, dieses Prinzip der Artenvielfalt in der Natur wirkungsvoll nachzuahmen: Schon aus Gründen der Nährstoffversorgung und Bodenerholung sollten Sie in Ihrem Gartenplan in der Fruchtfolge einen festen Anteil der zu bebauenden Fläche für Gründüngung einplanen:

Mindestens ein Fünftel der Fläche sollte für Gründüngung reserviert sein.

Abb. 32
links: Perserklee
rechts: Gelbklee

Was heißt eigentlich Gründüngung und wie wirkt sie für die Verbesserung der Bodenfruchtbarkeit?

Gründüngung ist eine wesentliche Ergänzung der Kompostdüngung, die Sie in Ihrem Garten sowieso durchführen:
Kompostbereitung, also die gezielte Verrottung und Ausbringung von Pflanzenresten, die bereits schon einmal auf dem Gartenboden gewachsen sind und nun wieder in den Boden gebracht werden, ist sehr wichtig für das Schließen der Stoffkreisläufe, für das »Recycling« im Garten: Möglichst viele der Stoffe, die dem Boden entzogen werden, sollen wieder zurückgebracht werden, damit der Boden nicht an Nährstoffen verarmt. Durch Kompostierung der »Gartenabfälle« und Komposteinbringung in den Boden kommt so zumindest ein Teil der organischen Masse wieder zurück und hilft, den Humusgehalt im Boden zu erhalten.

Um aber wieder neue Stoffe in den Boden zu bringen, vor allem Kohlenstoff (aus dem Kohlendioxid der Luft) und Stickstoff (aus dem Stickstoff-Gas in der Luft), ist die gezielte Gründüngung das beste und natürlichste Mittel:

Wenn wir Pflanzen aussäen, die wir nicht zum Abernten bestimmen, sondern zur Bereicherung des Bodens mit Wurzeln, dann können wir dem Boden (vor allem den Bodentieren!) große Mengen von Wurzeln und darin enthaltenen Energie- und Nährstoffe zuführen, die diese Pflanzen aus der Luft für uns gewinnen! Am wichtigsten sind hierfür die Schmetterlingsblütler (Leguminosen), also Klee-, Wicken-, Erbsen-, Bohnen-, Lupinenarten und ähnliche. Sie bilden nicht nur die besten Feinwurzeln aus, sondern können auch noch durch spezielle Zusammenarbeit mit Bodenbakterien in ihren Wurzelknöllchen Stickstoff aus der Luft binden, der uns als kostenloser Dünger für die nächsten Kulturen zur Verfügung steht!

Abb. 33: Wurzelknöllchen der Scvhmetterlingsblütler – die Stickstoff-Fabrik im Boden

Gründüngung wird am besten als Gemenge von Pflanzen ausgesät – wenn unsere Kulturpflanzen schon oft als Monokulturen auf den Beeten stehen, dann sollten wir die Gelegenheit nicht verpassen, bei der Gründüngung gezielt eine Artenvielfalt herzustellen, indem wir ein Gemisch aus verschiedenen Gründüngungspflanzen säen.

Bewährte Beispiele hierfür sind in der Tabelle angegeben, aber hier kann jeder selbst nach Herzenslust experimentieren.

Gründüngungsmischung, für Frühjahrsaussaat, im Winter abfrierend	
Saatmengen in g/100m²	
Sommerwicken	500g
Platterbsen	500g
Alexandrinerklee	100g
Perserklee	100g
Buchweizen	50g
Phacelia	20g

Gründüngungsmischung, für Spätsommeraussaat, über Winter weiterwachsend	
Saatmengen in g/100m²	
Platterbsen	500g
Winterwicke	200g
Schwedenklee	150g
Weißklee	50g
Inkarnatklee	100g

Diese Mischungen kann man bei jedem Saatguthändler (landwirtschaftliche Genossenschaftsläden z.B.) kaufen – allerdings müssen manche Pflanzen oft erst bestellt werden. (Siehe auch Adressen im Anhang.)

Die Gründüngungsmischungen sollten möglichst immer direkt nach der Lockerung des Bodens gesät werden, so daß sie mit ihren Wurzeln schnell den Boden durchdringen und »lebendig verbauen« können. Sehr schnell wird die Spatenprobe unter wachsenden Gründüngungsgemengen zeigen, wie durch das Wurzelwachstum auch bisher wenig belebte Bodenbereiche krümelig und »mürbe« werden – außerdem kann man an den Erbsen–, Wicken- und Kleearten sehr schön die Entwicklung der Stickstoffknöllchen an den Wurzeln beobachten und sich an den kleinen, kostenlosen »Düngerfabriken« erfreuen!

Nicht zuletzt bereichern die Blüten der Gründüngung das Gartenbild, sind schön für unser Auge und als Lockmittel für viele Nützlinge – es scheint also, daß Gründüngung nur Vorteile hat!

Die einzige Schwierigkeit mit der Gründüngung besteht manchmal darin, sie wieder zu beseitigen.

Wenn man anschließend Kulturpflanzen einsäen will, ist es am besten, das oberirdische Pflanzenmaterial vom Beet zu beseitigen und zu kompostieren. Nur wenn man hohe Pflanzen wie zum Beispiel Tomaten pflanzen will, genügt es, die Gründüngung nur stellenweise zu entfernen und in die »Löcher« die Tomaten zu pflanzen. So bleibt der restliche Boden dazwischen schön lebendig und bedeckt.

Das Einarbeiten der Grünmasse der Pflanzengemenge ist nicht zu empfehlen – in der Natur kommt es ja auch nicht vor, daß frische Grünmasse in den Boden kommt! Das Bodenleben kann frische grüne Blätter schlecht verarbeiten und man schafft so oft faulende Schichten im Boden, die für neue Pflanzenwurzeln schädlich sind. Das Wort »Grün«-Düngung ist also irreführend – es ist nicht das »Grün«, was düngt, sondern die zahlreichen Wurzeln der Grünpflanzen, die aus dem Sonnenlicht Energie für die Tiere im Boden einspeichern!

Zusammenfassend kann man feststellen:

- Gründüngung versorgt den Boden mit Stickstoff
- Gründüngung füttert mit den Wurzeln das Bodenleben
- Gründüngung stabilisiert die lockere Bodenstruktur
- Gründüngung schützt die Bodenoberfläche vor der Witterung
- Gründüngung schafft Lebensraum für Nützlinge

Gesund gärtnern – Giftfrei und ohne chemischen Dünger

Wir haben gesehen: Die Erträge in unserem Garten stammen daher, daß wir die Natur für uns arbeiten lassen: Unzählige Bodentiere zersetzen den Kompost und führen der Erde wieder dessen Mineralien und andere wertvolle Inhaltsstoffe zu, Gründüngungspflanzen lockern und beleben den Boden und reichern ihn mit pflanzenverfügbarem Stickstoff an.

Jede Düngung mit synthetischem Stickstoff-Kali-Phosphor-Dünger ist nicht nur unnötige Geldverschwendung, sie schadet vielmehr dem Bodenleben. Wie die menschliche Darmflora gestört wird, wenn man übermäßig viel Zucker ißt, so daß Verdauungsstörungen auftreten, genau so schädlich ist Kunstdünger fürs Bodenleben: Die Organismen werden ihrer Aufgabe beraubt, werden damit überflüssig und sterben ab. Den Wurzelpilz Mycorrhiza, der in gesunden Böden die Pflanze in Form einer Symbiose mit Phosphaten versorgt, kann man vertreiben, indem man nur genügend leichtlösliches Phosphat düngt. Man zerstört damit die natürliche Lebensgemeinschaft zwischen Pflanzenwurzel und Pilz.

Die mit Kunstdünger getriebenen Pflanzen mögen zwar in der ersten Zeit hohe Erträge bringen, das aber nur so lange, wie das Bodenleben noch existiert und den Pflanzen die Aufnahme dieser Stoffe ermöglicht. Hat man das Bodenleben durch Kunstdünger und Gifteinsatz erst einmal vertrieben, ist die Fruchtbarkeit vorbei.

Ohne Bodenleben kann man noch so viel Kunstdünger streuen, es wird nichts wachsen – sonst wären ja die Wüsten der Welt einfach durch Düngerstreuen wieder fruchtbar zu machen. Grund genug, auf das natürliche System Acht zu geben! Immerhin hängt von den 30 Zentimetern belebter Erde das Überleben der Menschheit ab.

Aus der gleichen Einsicht heraus verzichten wir aufs Spritzen von synthetisch hergestellten Giften im Garten. Wir dürfen in ein natürliches System keine systemfremden Stoffe einbringen, denn die Natur kann diese nicht verarbeiten und unschädlich machen. Letztlich reichern sich die Gifte in Nahrungsmitteln und im Boden an, werden ins Trinkwasser gespült und erreichen uns so immer wieder. Ihre Anwendung rächt sich in Form von Krebs, Allergien und schlimmen Nervenleiden. Holländische Forscher wiesen sogar den Zusammenhang von Pestizidanwendung und Unfruchtbarkeit (durch Rückgang der Spermienzahl) bei Landwirten nach.

Schließlich ist es doch auch ein viel angenehmeres Gefühl, durch den giftfreien Garten zu gehen, und zu wissen, daß man bedenkenlos die selbstangebauten Pflanzen verzehren kann. Sie schmecken auch meistens besser als die chemisch behandelten.

> *Der Verzicht auf chemisch-synthetische Dünger und Pestizide ist Hauptmerkmal eines ökologisch gepflegten Gartens. Durch die Belebtheit des Bodens und die Vielfalt des Pflanzenwuchses (auch »Unkräuter« sind in Maßen erlaubt!), sind die Nutzpflanzen richtig ernährt und viel widerstandsfähiger gegen Krankheiten*

.Der Verzicht auf chemische Spritzgifte bedeutet aber nicht, daß man im Notfall z.B. bei sehr starkem Blattlaus- oder Mehltaubefall hilflos daneben steht. Es gibt eine große Zahl wirkungsvoller pflanzlicher Präparate, die man selbst herstellen kann, und die ungiftig für andere Tiere und uns Menschen sind. Weiterführende Literatur zur Anlage und Pflege eines Öko-Gartens finden Sie im Anhang.

Anhang

Spatenproben-Befund

Datum: Beet: Bewuchs:

	Bodenstruktur	Wurzeln	Bodenfeuchte
Oberkrume (bis ca. 15 cm Tiefe)	Gute Krümelstruktur ☐ Mittlere Struktur, einige größere Bröckel ☐ Schlechte Struktur, viele glattflächige Bröckel ☐	Viele Feinwurzeln ☐ Wenig Feinwurzeln ☐ Kaum Wurzeln ☐	gleichmäßig feucht ☐ eher naß ☐ eher trocken ☐ naß ☐ trocken ☐
Unterkrume (ca. 15 bis 30 cm Tiefe)	Gute Krümelstruktur ☐ Mittlere Struktur, einige größere Bröckel ☐ Schlechte Struktur, viele glattflächige Bröckel ☐	Viele Feinwurzeln ☐ Wenig Feinwurzeln ☐ Kaum Wurzeln ☐	gleichmäßig feucht ☐ eher naß ☐ eher trocken ☐ naß ☐ trocken ☐

Foto

Bemerkungen:
(Verdichtungen, Stickstoffknöllchen, Bodentiere, organische Reste, Übergang zum Untergrund usw.)

Spatendiagnose-Zubehör

- Original Görbing-Flachspaten, Stützen
  Kress u. Co. GmbH
  Osterbachstraße 10
  74196 Neuenstadt- Stein

- Edelstahl-Qualitätsspaten
  In manchen englischen Designershops / Einrichtungsläden, Gartenmärkten oder bei
  Gabriele Tissot - Gutes für den Garten
  Tissotstr.1
  91126 Rednitzhembach
  Tel. 09122-61282
  Fax. 09122- 72975

Bücher

Boden

- Brucker, G.: Lebensraum Boden: Daten, Tips und Tests. Franckh-Verlag, Stuttgart, 1988
- Francé, Raoul H.: Das Leben im Boden, DEUKALION Verlag, , Postfach 11 13, 25488 Holm, 1994
- Preuschen, G.: Das neue Bodenbuch. Fischer, Frankfurt/M., 1988
- Preuschen, G.: Eine Anleitung zur Spatendiagnose. SÖL-Sonderausgabe Nr. 2, 5.Aufl., Bad Dürkheim, 1990
- Rusch, H. P. : Bodenfruchtbarkeit. 4.Aufl., Haug Verlag, Heidelberg, 1968
- Sekera, M.: Gesunder und kranker Boden. 5.Aufl., Stocker-Verlag, A-Graz, 1984

- Voitl, H. und Guggenberger, E.: Der Chroma-Boden-Test. Verlag Orac, A-Wien, 1986

Gründüngung

- Hampl, U.: Gründüngung - Anleitung für die Praxis der Gründüngung mit ausführlichen Pflanzenbeschreibungen und Hinweisen für die Gemengezusammenstellung. Stocker-Verlag, A-Graz, 1996

Ökologisch Gärtnern

- Zeitschrift »Natürlich Gärtnern« (6 Ausgaben im Jahr)
Erhältlich in jeder Buchhandlung oder beim
OLV-Verlag, Viktorstr. 7, 46509 Xanten
Tel. 02801-71701
Fax. 02801-71703

- Arbo Gast : Der Bio Garten Kalender. Heyne Verlag, München, 1985
- Bommert, W.: Der Pflanzenarzt rät. Ökologisches für Haus und Garten. Walter Rau Verlag, Düsseldorf, 1993
- Fischer, C. und R.: Geheimnisse der Klostergärten. Südwest-Vlg, München, 1991
- Franck, G.: Gesunder Garten durch Mischkultur. Südwest-Vlg., 8. Aufl., 1991
- Kreuter, M.-L.: Der Bio-Garten. BLV-Verlagsgesellschaft, München, 1981
- Kreuter, M.-L.: Pflanzenschutz im Bio-Garten. BLV-Verlagsgesellschaft, München, 1990
- Schmid, O., Henggeler, S.: Biologischer Pflanzenschutz im Garten. Ulmer, Stuttgart, 1990
- Stout, R.: Mulch - Gärtnern ohne Arbeit. pala-Vlg., Darmstadt, 1971

- Vogtmann, H.: Ökologischer Gartenbau. SÖL-Sonderausgabe Nr.28, Bad Dürkheim, 1990, erhältlich beim DEUKALION-Verlag

Videofilme»

- Die Spatendiagnose«
  Kulturland Video, Erlenweg 3, 83209 Prien

Bodenuntersuchungslabors

- Labor Dr. Balzer, Oberer Ellenberg 5, 35083 Wetter-Amönau.
  (Untersuchungen nach ganzheitlichen Kriterien)
  Tel.: 06423-7483
  Fax: 06423-3197

Saatgutfirmen (für schwer erhältliche Gründüngungsgemenge)

- Nungesser
  Bismarckstr. 59
  64293 Darmstadt

- Wihelm Schoell GmbH
  Saaten
  Im kalten Brunnen 14
  72666 Neckartailflingen

- Bayerische Futtersaatbau GmbH
  Max-von-Eyth-Str.2-4
  85737 Ismaning
  Tel. 089-962435 - 0
  Fax. 089-962435 - 10

Natur und Boden schützen – ökologisch einkaufen!

Sie bemühen sich in Ihrem Garten darum, möglichst ohne Chemie den Boden fruchtbar zu halten und gesundes Gemüse für Ihre Familie zu erzeugen. Wenn Ihnen neben Ihrer eigenen Gesundheit und der Fruchtbarkeit des Gartenbodens auch die Gesundheit anderer Böden am Herzen liegt, dann sollten Sie auch beim Einkaufen Öko-Produkten den Vorzug geben. Damit können Sie dazu beitragen, daß immer mehr Böden wieder gesund werden. Was ist ein »Öko-Bauer«? Ökobauern und -Bäuerinnen verzichten auf

- Chemisch-synthetische Düngemittel
- Chemisch-synthetische Spritzmittel
- Monokulturen
- Massentierhaltung
- gentechnisch veränderte Organismen in jeder Form

Statt dessen gibt es auf einem Ökobetrieb

- Fruchtfolgen
- Vielfalt
- Hecken und Randstreifen für Wildtiere
- Natürliche Steigerung der Bodenfruchtbarkeit durch Gründüngung, Mist und Kompost
- Mechanische Regulierung des Unkrauts mit speziellen modernen Geräten, aber auch durch Handarbeit
- Artgerechte Tierhaltung, und nur soviele Tiere, wie der eigene Hof ernähren kann (keine Tiermehlfütterung!)
- Jedes Jahr strenge Kontrollen

Deswegen schmecken Öko-Produkte meist besser (probieren Sie mal Ökofleisch oder -Kartoffeln, da sind die Unterschiede besonders deutlich!), sind gesünder und helfen, die Umwelt zu schützen. Um den Mehraufwand bei der Produktion auszugleichen, kosten die Öko-Produkte deswegen auch etwas mehr.

Wird damit auch kein Schwindel getrieben?

Hier müssen Sie vorsichtig sein: Viele Firmen wollen mit der »Bio-Welle« Geld verdienen und schreiben auf alle möglichen Produkte »umweltschonend«, »Vollwert«, »kontrolliert« oder »integriert« darauf, weil sie sich davon besseren Absatz und höhere Preise versprechen. Die eben genannten Aufschriften sagen jedoch nichts über die ökologische Herstellung oder besondere Qualität aus!

Hierauf können Sie sicher vertrauen:

Damit Sie sicher gehen, keinem Schwindler Ihr Geld zu geben, sollten Sie sich an den folgenden Kennzeichnungen orientieren:

Seit 1991 gibt es in Europa eine »EU-Öko-Verordnung«, die vorschreibt, daß nur noch die Lebensmittel mit »öko«, »bio« oder ähnlich bezeichnet werden dürfen, die auch wirklich ohne Chemie hergestellt sind. Diese Verordnung schreibt auch ausführliche jährliche Kontrollen bei den Erzeugern, Verarbeitern und Händlern vor.

Sie erkennen diese Produkte an dem Vermerk »EWG-Kontrollsystem ökologische Agrarwirtschaft«, meistens ist auch eine Kontrollnummer angegeben.

Vertrauen können Sie vor allem auf folgende Warenzeichen der Öko-Anbauverbände:

ArbeitsGemeinschaft Ökologischer Landbau

- ANOG
- ECO VIN
- ÖKOSIEGEL
- BIO KREIS
- Bioland
- BIOPARK
- demeter
- Naturland
- Gäa – Ökologischer Landbau

Bauern, Bäckereien, Molkereien und Metzger, die zu diesen Organisationen gehören, folgen den genannten strengen Richtlinien, darüberhinaus werden sie EU-weit von unabhängigen Kontrollinstituten jährlich überprüft.
Im Klartext:

Nur da ist auch »Öko« drin, wo Sie die abgebildeten Warenzeichen oder den Vermerk »EWG-Kontrollsystem-ökologische Agrarwirtschaft« finden!

Gesund Einkaufen – Bücher:

- Stiftung Ökologie & Landbau (Hrsg.): Adressenliste zum Öko-Anbau. SÖL-Sonderausgabe Nr.6, 10.Auflage, Bad Dürkheim,1996, erhältlich beim DEUKALION-Verlag, Postfach 11 13, 25488 Holm
- Hoffmann, M.: Lebensmittelqualität, SÖL-Sonderausgabe Nr.62, 2. Auflage, Bad Dürkheim, 1996, erhältlich beim DEUKALION-Verlag, Postfach 11 13, 25488 Holm
- Informations-Faltblätter, kostenlos erhältlich gegen Voreinsendung von 1.-DM (Versandkosten) bei der Stiftung Ökologie & Landbau, Weinstraße Süd 51, 67098 Bad Dürkheim:
BSE - Rinderwahnsinn.
Ökologische Landwirtschaft - Eine Einführung.
Wie erkennt man echte Bio-Lebensmittel.
EG-Öko-Verordnung

Das weiterführende Magazin.

NATÜRLICH GÄRTNERN – Das weiterführende Magazin für den ökologischen Selbstversorgergarten berichtet im 40. Jahr über Pflanzenpflege, Bodenpflege, Naturschutz, seltene Nutzpflanzenarten, bedrohte Nutztierrassen, heilende Wildpflanzen und vieles mehr.

NATÜRLICH GÄRTNERN hat als ständige Beilage *Permakultur aktuell* mit Informationen aus der Arbeit des Permakultur Institut e.V. und dem weltweiten Netzwerk.

NATÜRLICH GÄRTNERN erscheint 6mal jährlich. Der Jahresbezugspreis beträgt 50,00 DM (einschließlich Versandkosten). Fordern sie gegen 3,00 DM in Briefmarken unverbindlich ein Probeheft an! **OLV Verlag, Viktorstr. 7, 46509 Xanten,** ☎ **02801/71701, Fax: – 71703.**

Fundierte & aktuelle Informationen

Die Stiftung Ökologie & Landbau (SÖL) gibt seit 1979 die

„SÖL-Sonderausgaben"

zur Theorie und Praxis des ökologischen Landbaus heraus. Sie enthalten fundierte und wertvolle Informationen und erscheinen ergänzend zu der Quartalszeitschrift

„Ökologie und Landbau".

Außerdem ist die SÖL Herausgeber der Buchreihe

„Alternative Konzepte".

Die beiden SÖL-Publikationsreihen „Alternative Konzepte" und „SÖL-Sonderausgaben" wurden 1993 mit dem Buchpreis „Lesen für die Umwelt" der Deutschen Umweltstiftung ausgezeichnet.

Die gemeinnützige Stiftung Ökologie & Landbau wurde 1962 von Karl Werner Kieffer gegründet.
Sie gibt Impulse für ein ganzheitliches Denken und Handeln, insbesondere in den Bereichen des Umweltschutzes und der Agrarkultur. Unterstützt wird eine Vielzahl praxisorientierter Projekte und Studien. Ein wichtiges Anliegen ist die Koordinierung des Erkenntnis- und Erfahrungsaustausches sowie die wirksame Verbreitung der gewonnenen Ergebnisse.

Zuwendungen erbeten auf:
Konto-Nr. 86811-671
Postgiroamt Ludwigshafen
(BLZ 545 100 67)

Weinstraße Süd 51
D-67098 Bad Dürkheim
Telefon (06322) 8666
Telefax (06322) 8794

Stiftung Ökologie & Landbau

Ebenfalls aus der Reihe ÖkoRatgeber:

Kathi Keville und Mindy Green
Die Seele der Pflanzen
Ätherische Öle selbst gewinnen und anwenden

Dieses Buch macht viel Wissen und Methoden zu den Themen ätherische Öle und Aromatherapie erstmals für die deutschen Leser verfügbar.

- Es beschreibt die verschiedenen Wege, auf denen die aromatischen Öle in den Körper gelangen, und zwar umfassender als allgemein üblich.
- Herausragend ist die große Zahl der beschriebenen Aromapflanzen.
- Detailliert aufgelistet werden die Heilindikationen der Pflanzen.
- Zu jedem ätherischen Öl geben die Autorinnen zusätzliche Warnhinweise und Informationen zu Gegenanzeigen.
- Die Leser erhalten Hinweise über in Duft und Wirkung verwandte Öle.
- Neben der Beschreibung einzelner Öle enthält das Buch viele Mischrezepte für die unterschiedlichsten körperlichen Anwendungen.
- Es werden bislang unbekannte Kochrezepte aufgeführt.
- Besonders wertvoll ist diese Veröffentlichung durch die ausführlichen Anleitungen zur Selbstgewinnung ätherischer Öle.

Aus dem Englischen von Petra Becker
360 Seiten, Hardcover
38,00 DM
ISBN 3-930720-28-0

Ebenfalls aus der Reihe ÖkoRatgeber:

Buck Tilton und Roger G. Cox
Sonnenbaden ohne Reue –
50 Wege zum gesunden Umgang mit der Sonne

Besonders Gärtner und Landwirte sind durch ihre Arbeit im Freien den UV-Strahlen der Sonne ausgesetzt. Dieses Buch behandelt in detaillierter und leichtverständlicher Weise die Thematik der Zerstörung der Ozonschicht, die Gesundheitsgefährdung durch UV-Strahlen und wie man sich davor schützt.

- Warum ist die Ozonschicht so wichtig für das Leben auf der Erde?
- Ist es möglich, die Geschwindigkeit der Ozonzerstörung zu vermindern, und wird sich die Ozonschicht im Laufe der Zeit wiederherstellen?
- Worin bestehen die Gesundheitsrisiken, wenn man sich unter einer ausgedünnten Ozonschicht zu lange der Sonne aussetzt?
- Treten bei Kindern verstärkt Melanome auf?
- Welche saisonalen und regionalen Unterschiede gibt es?
- Durch welche Produkte und Verhaltensweisen lassen sich die Risiken reduzieren?

Aus dem Englischen von Jörg Thatje und Traute Ewers
112 Seiten, Softcover
18,00 DM
ISBN 3-930720-21-3

Raoul H. Francé
Das Leben im Boden

Francés Bücher begründen seinen Ruf als einen der Väter der ökologischen Wirtschaftsweise, denn er erkannte die Wechselbeziehungen zwischen den lebenden Organismen im Boden und den Mineralien, der Luft, dem Wasser und dem Klima aufgrund seiner Erforschung der Humusbildung.
In leicht faßlicher, erzählender Form legt er in »Das Leben im Boden« seine Erkenntnisse nieder und gibt den Lesern Ratschläge zum Kompostieren, zur Nutzung von Stallmist und Gesteinsmehlen, zur Bodenbearbeitung wie auch zur Vermehrung von Regenwürmern.

152 Seiten, Softcover
29,00 DM
ISBN 3-930720-02-7

Helmut Snoek/ Horst Wülfrath
Das Buch vom Steinmehl

Steinmehle steigen in ihrer Bedeutung für den Gartenbau ständig. Sie werden, z.T. ausgewählt nach der jeweiligen Gesteinsart, in Mischungen untereinander oder auch als Zusatzstoff zu Düngemitteln immer häufiger und vielfältiger angewendet. Das hier vorliegende Buch gibt in einzigartig erschöpfender Weise Auskunft über die verschiedenen Gesteinsmehlarten, ihre verschiedenen Wirkungen und beschreibt zahlreiche Rezepte zur Selbstherstellung von Gesteinsmehlpräparaten.

146 Seiten, gebunden
29,00 DM
ISBN 3-930720-10-8